할 수 있다!

파워포인트
2016 기초

이 책의 구성

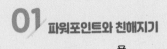

01 파워포인트와 친해지기

- 파워포인트의 개념
- 파워포인트의 실행과 종료
- 파워포인트의 화면 구성
- 새 프레젠테이션
- 텍스트 입력 및 그림 삽입
- 파일 저장 및 불러오기
- 슬라이드 추가
- 리본 메뉴 표시 및 숨기기

■ 준비파일 운전.jpg
■ 완성파일 친환경 운전(완성).pptx

미/리/보/기

파워포인트는 프레젠테이션을 위한 발표 자료를 좀 더 쉽고 효과적으로 디자인할 수 있게 도와주는 프로그램입니다. 이번 장에서는 파워포인트의 기본 화면 구성과 기본적인 작성 방법을 알아보겠습니다.

8

✎ 학습 포인트 ✎

이번 장에서 학습할 핵심 내용을 소개합니다.

준비파일 / 완성파일 ✎

본문에서 실습하는 파일명입니다. 시대인 게시판에서 다운로드받아 사용하세요.

미리보기 ✎

학습 결과물을 미리 살펴봅니다.

✎ 예제 따라 하기

실생활에서 활용할 수 있는 예제를 순서대로 따라 할 수 있도록 구성하여 누구나 쉽게 이해하고 기능을 습득할 수 있습니다.

03 테마 디자인을 활용한 설명 자료 만들기

▶ 슬라이드 작성하기

01 [파일] 탭-[새로 만들기]-[새 프레젠테이션]을 클릭합니다.

02 새 프레젠테이션 창이 나타나면 제목 슬라이드의 제목 텍스트 상자와 부제목 텍스트 상자에 다음과 같이 입력합니다.

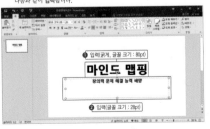

88

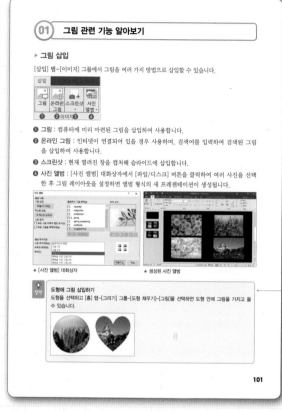

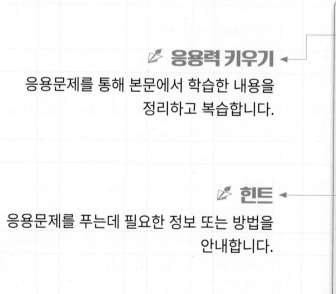

잠깐 🌱

본문에서 다루지 못한 내용이나 알아두면
유용한 내용을 설명합니다.

✎ **응용력 키우기**

응용문제를 통해 본문에서 학습한 내용을
정리하고 복습합니다.

✎ **힌트**

응용문제를 푸는데 필요한 정보 또는 방법을
안내합니다.

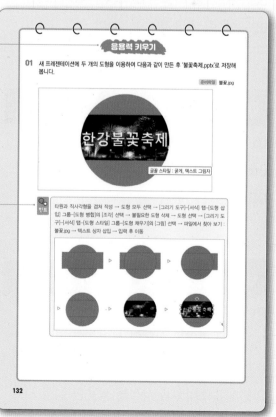

이 책의 목차

01 | 파워포인트와 친해지기   8

01 파워포인트, 너란 존재는?   9

02 파워포인트와의 첫 만남   11

03 응용력 키우기   25

02 | 홍보 자료 만들기   27

01 슬라이드 다루기   28

02 마을 기업 홍보 자료 만들기   31

03 응용력 키우기   45

03 | 모임 안내장 만들기   47

01 글꼴과 단락 관련 기능 알아보기   48

02 텍스트를 이용한 초대장 만들기   50

03 응용력 키우기   62

04 | 포스터 만들기   64

01 워드아트 관련 기능 알아보기   65

02 사계절 포스터 만들기   67

03 응용력 키우기   80

05 | 설명 자료 만들기   82

01 테마 관련 기능 알아보기   83

02 서식 파일을 활용한 설명 자료 만들기   85

03 테마 디자인을 활용한 설명 자료 만들기   88

04 배경 스타일과 서식을 활용한 설명 자료 만들기   92

05 응용력 키우기   98

06 | 앨범 만들기　　　　　　　　　　　　100

01 그림 관련 기능 알아보기　　　　　　101
02 나만의 여행 앨범 만들기　　　　　　103
03 응용력 키우기　　　　　　　　　　113

07 | 커리큘럼 만들기　　　　　　　　　115

01 도형 관련 기능 알아보기　　　　　　116
02 커피 특강 커리큘럼 만들기　　　　　119
03 응용력 키우기　　　　　　　　　　132

08 | 조직도 및 안내문 만들기　　　　　134

01 스마트아트 관련 기능 알아보기　　　135
02 동문회 구성 한눈에 파악하기　　　　137
03 스트레스 해소법 한눈에 쏙 들어오게 만들기　　143
04 응용력 키우기　　　　　　　　　　146

09 | 식단표와 가계부 차트 만들기　　　148

01 표와 차트 관련 기능 알아보기　　　149
02 다이어트 식단표 만들기　　　　　　152
03 가계부 수입/지출 차트 만들기　　　158
04 응용력 키우기　　　　　　　　　　161

10 | 이젠 나도 PPT 전문가　　　　　　162

01 화면 전환과 애니메이션 관련 기능 알아보기　　163
02 발표 자료 마무리 작업하기　　　　165
03 X-mas 영상 카드 만들기　　　　　171
04 응용력 키우기　　　　　　　　　　181

예제파일 다운로드

1
시대인 홈페이지(www.sdedu.co.kr/book)에 접속한 후 로그인합니다.

※ '시대' 회원이 아닌 경우 [회원가입]을 클릭하여 가입한 후 로그인을 합니다.

2
홈페이지 위쪽의 메뉴에서 [프로그램]을 선택합니다.

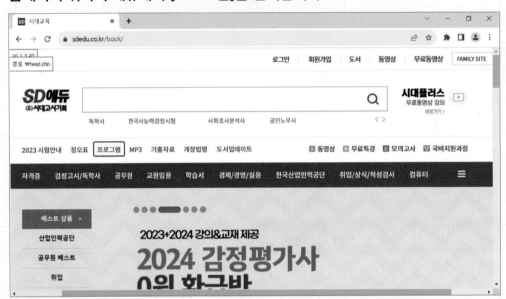

※ 홈페이지의 리뉴얼에 따라 위치나 텍스트 표현이 변경될 수도 있습니다.

3
프로그램 자료실 화면이 나타나면 책 제목을 검색합니다. 검색된 결과 목록에서 해당 도서의 자료를 찾아 제목을 클릭합니다.

○ 프로그램자료실   > 자료실 > 프로그램자료실

실기, 실무 프로그램 자료실
실기, 실무에 필요한 프로그램을 제공해 드립니다.

제목 ▼ | 있다 파워포인트 기초 | 🔍

전체 (1)   전체목록 | 글쓰기

[할 수 있다!] 파워포인트 2016 기초 N   ⬇ 다운로드
발행일 : 2023-11-15   작성일 : 2023-10-19

전체목록 | 글쓰기

4 해당 페이지가 열리면 파일명을 클릭합니다. 파일이 다운로드 되면 파일을 저장한 폴더로 이동합니다.

[할 수 있다!] 파워포인트 2016 기초

발행일 : 2023-11-15   작성일 : 2023-10-19

첨부파일   🗂 할수있다_ 파워포인트2016기초-예제파일.zip

⬇ 다운로드

도서 '[할 수 있다!] 파워포인트 2016 기초'의 예제 파일입니다.

예제 파일을 다운로드받은 후 압축을 풀어 학습하세요.
(본 교재의 학습용으로만 사용하세요.)

목록

---

5 압축 해제 프로그램으로 '할수있다_파워포인트2016기초-예제파일.zip' 파일을 해제하면 교재의 준비파일과 완성파일이 폴더별로 제공됩니다.

01 파워포인트와 친해지기

- 파워포인트의 개념
- 파워포인트의 실행과 종료
- 파워포인트의 화면 구성
- 새 프레젠테이션
- 텍스트 입력 및 그림 삽입
- 파일 저장 및 불러오기
- 슬라이드 추가
- 리본 메뉴 표시 및 숨기기

미 / 리 / 보 / 기

📁 준비파일 : 운전.jpg
📁 완성파일 : 친환경 운전(완성).pptx

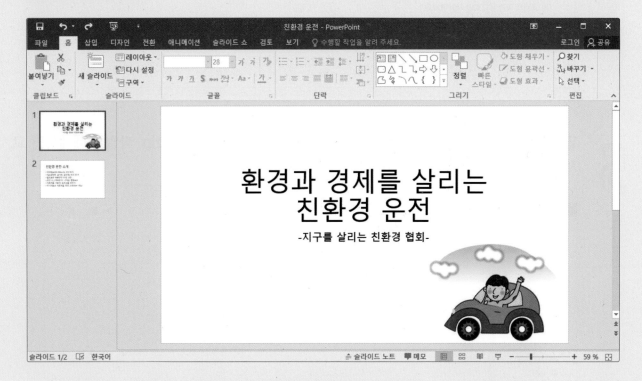

파워포인트는 프레젠테이션을 위한 발표 자료를 좀 더 쉽고 효과적으로 디자인할 수 있게 도와주는 프로그램입니다. 이번 장에서는 파워포인트의 기본 화면 구성과 기본적인 작성 방법을 알아보겠습니다.

▶ 파워포인트(Powerpoint)

파워포인트는 마이크로소프트사에서 개발한 오피스 제품군 중 하나로, 여러 사람들 앞에서 발표하거나 공동 작업을 할 때 텍스트, 그림, 도형, 표, 차트와 같은 멀티미디어 요소를 이용하여 시각적 보조자료를 만드는 데 도움을 주는 프레젠테이션용 프로그램입니다.

프레젠테이션은 '소개·발표·표현·제출'을 뜻하는 용어이며, 파워포인트를 이용하여 만든 자료를 교육, 보고회, 세미나, 발표회에서 대형 화면이나 빔 프로젝트를 사용해 스크린에 띄워 사용합니다.

▶ 파워포인트 2016 화면 구성 알아보기

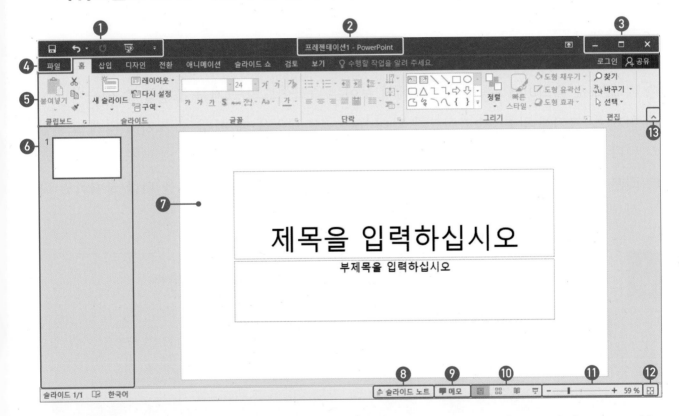

❶ **빠른 실행 도구 모음** : 자주 사용하는 도구를 빠르게 실행할 수 있도록 아이콘을 모아놓은 곳으로, 사용자가 원하는 기능으로 도구 모음을 구성할 수 있습니다.

❷ **제목 표시줄** : 현재 작업 중인 문서의 제목을 표시합니다. 파일명을 저장하지 않으면 '프레젠테이션1'로 표시됩니다.

❸ **창 조절 버튼** : 창을 최소화, 최대화/이전 크기로 복원, 닫기합니다.

❹ [파일] 탭 : 파일 열기, 저장, 인쇄, 옵션 등 파일을 관리합니다.

❺ 리본 메뉴
- **탭** : 유사한 기능의 도구들이 그룹으로 묶여 탭 안에 소속되어 있습니다.
- **그룹** : 서로 관련 있는 기능들을 그룹으로 묶어 표시합니다.

❻ 슬라이드 미리 보기 / 개요 보기 창 : 슬라이드의 축소판 그림이 표시되는 '슬라이드 미리 보기'나 텍스트 형식의 '개요 보기'를 표시합니다.

❼ 슬라이드 창 : 파워포인트에서 실제적인 작업을 하는 편집 공간입니다.

❽ 슬라이드 노트 : 클릭하면 현재 슬라이드 노트 창이 열리며, 부가적인 설명을 입력할 수 있는 공간입니다. 다시 클릭하면 숨겨집니다.

❾ 메모 : 여러 사람이 공동 작업을 할 때 변경 내용 등을 적어 확인하는 메모 창입니다.

❿ 화면 보기 : 슬라이드의 화면 보기를 변경합니다.

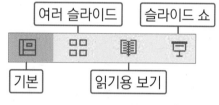

⓫ 확대/축소 슬라이더 : 슬라이드 창에서 보이는 슬라이드의 크기를 조정할 수 있습니다.

⓬ 현재 창 크기에 맞춤 : 슬라이드가 확대 또는 축소되었을 때 현재 창 크기에 맞게 조절합니다.

⓭ 리본 메뉴 축소 : 클릭하면 리본 메뉴가 숨겨집니다. 임의의 메뉴 탭을 더블 클릭하면 다시 리본 메뉴가 고정되어 나타납니다.

잠깐

리본 메뉴는 창의 크기에 따라 그룹을 구성하는 기능들의 표시가 달라질 수 있습니다.

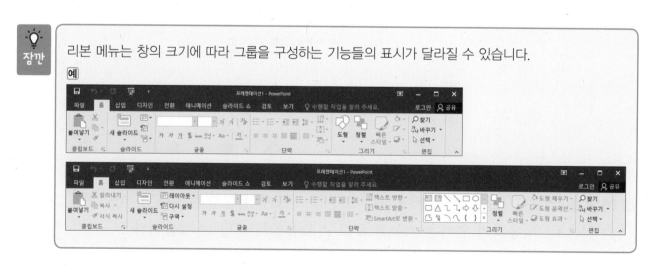

▶ 파워포인트 2016 실행과 종료하기

01 [시작(■)]-[PowerPoint 2016]을 선택합니다.

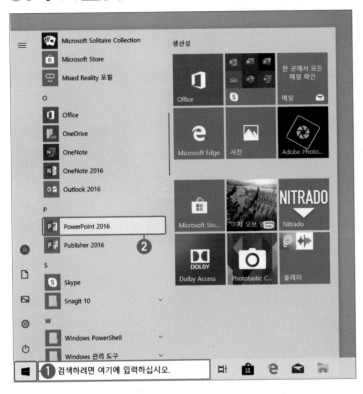

 잠깐

바로 가기 아이콘 만들기

• **방법 1** : [시작(■)]-[PowerPoint 2016]을 클릭한 채 이동하여 바탕 화면의 원하는 곳에서 마우스 버튼을 놓으면 바로 가기 아이콘(▣)이 생성됩니다.

• **방법 2** : 같은 방법으로 작업 표시줄에 끌어다 놓으면 작업 표시줄에서 바로 프로그램을 실행할 수 있는 파워포인트 아이콘이 생성됩니다.

02 파워포인트 프로그램이 실행되면 다음과 같은 첫 화면이 나타납니다. **[새 프레젠테이션]**을 클릭합니다.

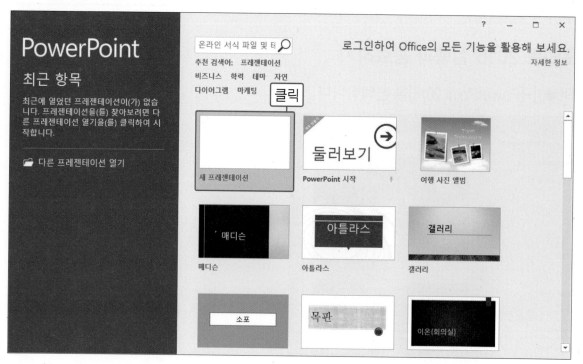

03 새 프레젠테이션 문서가 열립니다. 첫 페이지에 해당하는 첫 번째 슬라이드는 제목과 부제목을 입력할 수 있는 '제목 슬라이드' 레이아웃이 제공됩니다.

04 파워포인트 프로그램을 종료하려면 오른쪽 상단의 ☒(닫기) 버튼을 클릭합니다.

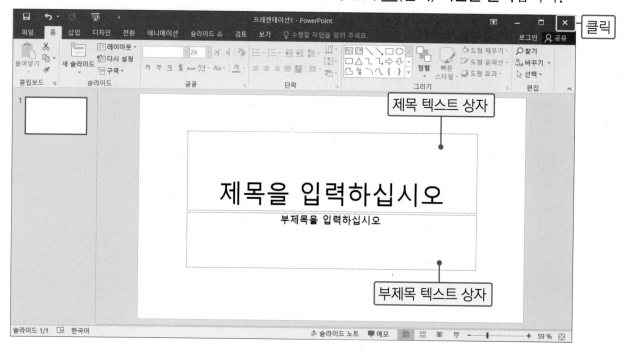

▶ 프레젠테이션 작성하기 : 텍스트 입력

01 [시작(■)]-[PowerPoint 2016]을 선택한 후 파워포인트가 실행되면 [새 프레젠테이션]을 클릭합니다. 새 프레젠테이션이 생성되었습니다.

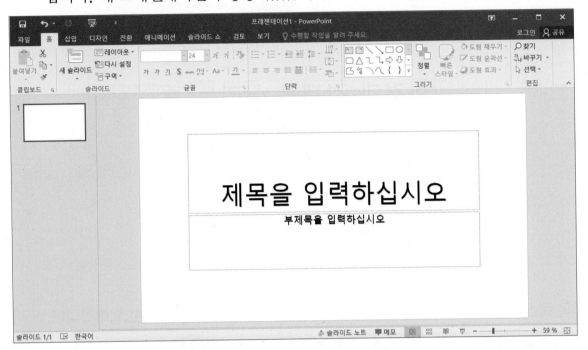

02 제목을 입력하기 위해 **제목 텍스트 상자의 안쪽**을 클릭합니다.

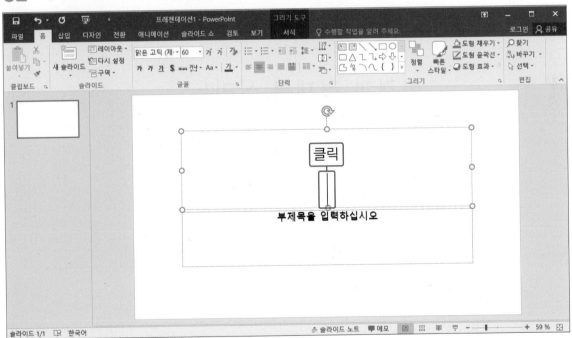

 텍스트 상자의 테두리를 클릭하여 선택한 후에 텍스트를 입력해도 됩니다.

13

03 '환경과 경제를 살리는'을 입력하고 Enter 키를 누른 후 '친환경 운전'이라고 입력합니다.

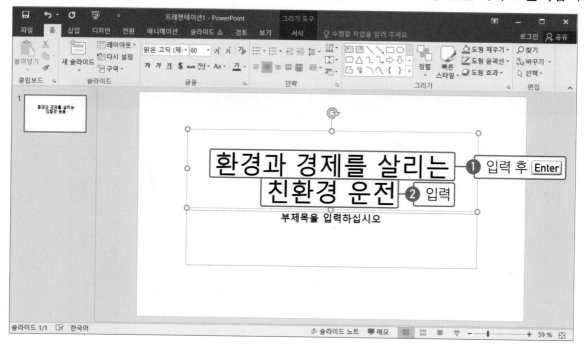

04 부제목 텍스트 상자의 안쪽을 클릭한 후 '-지구를 살리는 친환경 협회-'라고 입력합니다.

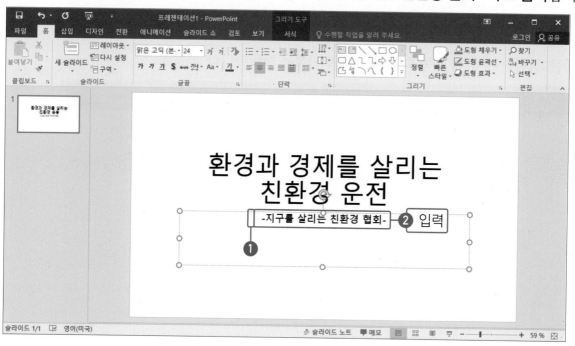

▶ 프레젠테이션 저장하기

01 [파일] 탭을 클릭합니다. 화면이 변경되면 [다른 이름으로 저장]을 선택한 후 [이 PC]를 더블 클릭합니다.

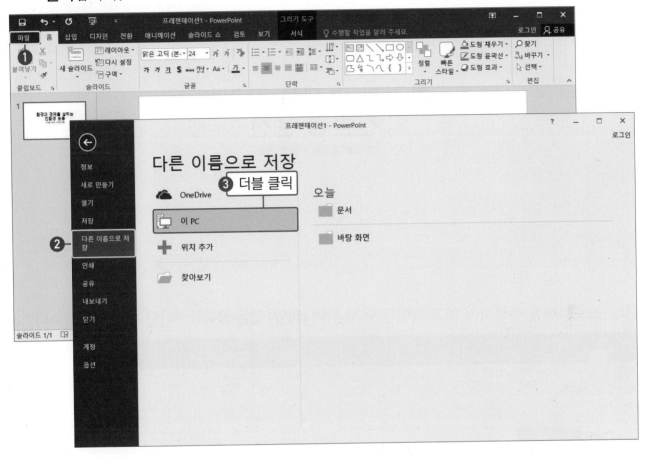

02 [다른 이름으로 저장] 대화상자가 나타나면 **저장 위치를 지정([문서]-[사용자이름] 폴더)**하고, 파일 이름을 '친환경 운전'이라고 입력한 후 [저장] 버튼을 클릭합니다.

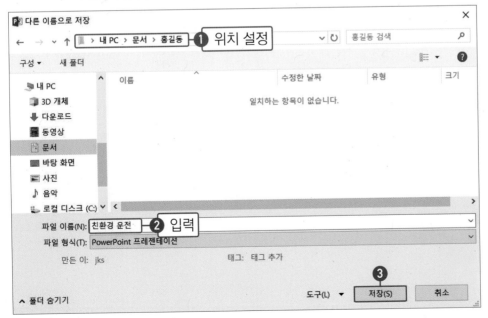

03 제목 표시줄의 이름이 저장한 파일명인 '친환경 운전'으로 바뀐 것을 확인할 수 있습니다.

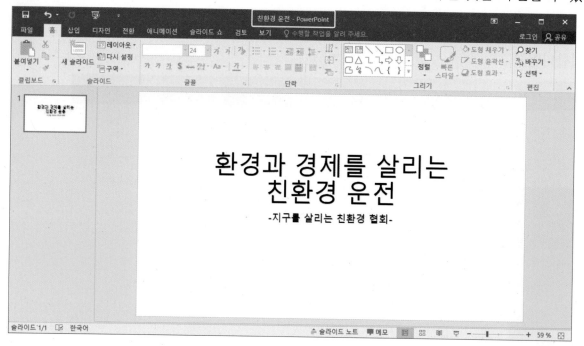

04 프로그램을 종료하지 않고 파일만 닫기 위해 [파일] 탭을 클릭한 후 [닫기]를 선택합니다.

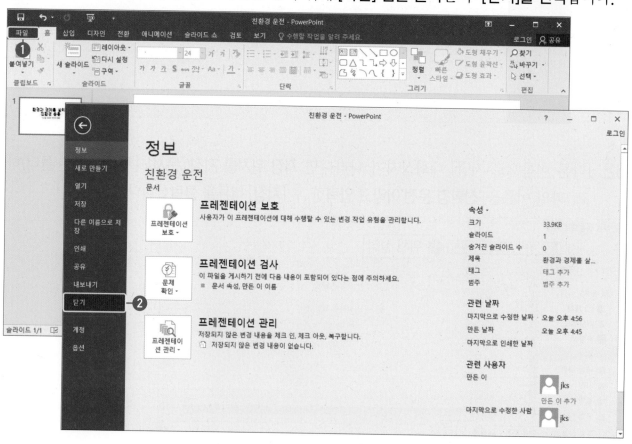

05 제목 표시줄을 보면 열려 있던 파일은 닫혔지만 파워포인트 프로그램은 아직 실행 중인 것을 확인할 수 있습니다.

▶ 프레젠테이션 파일 불러오기

01 [파일] 탭을 클릭한 후 [열기]를 선택합니다. [이 PC]를 클릭한 후 오른쪽 목록에서 '친환경 운전.pptx' 파일을 선택합니다.

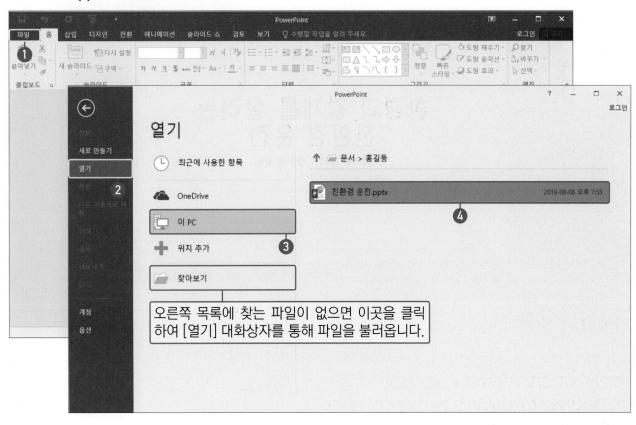

02 '프레젠테이션 저장하기'에서 작업한 내용 그대로 파일이 열린 것을 확인할 수 있습니다.

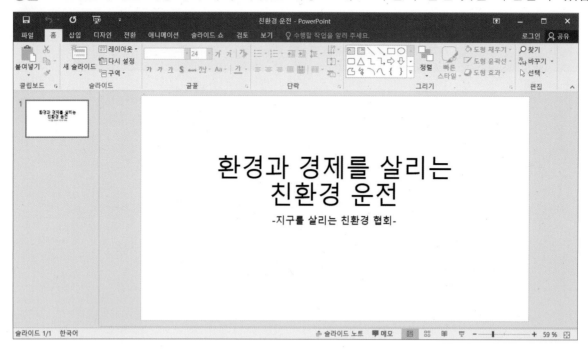

▶ 그림 삽입하기

01 [삽입] 탭-[이미지] 그룹-[그림]을 클릭합니다.

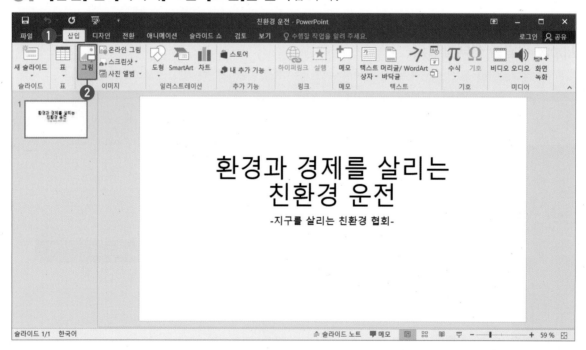

02 [그림 삽입] 대화상자가 나타나면 [준비파일] 폴더에서 '운전.jpg' 파일을 선택한 후 [삽입] 버튼을 클릭합니다.

 폴더 위치
제공하는 [준비파일] 폴더를 어디에 저장해 놓고 실습하느냐에 따라 경로가 교재의 그림과 다를 수 있습니다.

03 그림이 중앙에 삽입되어 텍스트가 가려졌습니다. **그림을 드래그**하여 오른쪽 하단으로 이동합니다.

 8개의 조절점이 있는 바운딩 박스
조절점(○)을 드래그하면 크기를 변형할 수 있고, 회전 모양의 조절점(◎)을 드래그하면 개체를 회전할 수 있습니다. 바운딩 박스 속이 채워져 있지 않다면 테두리(선)를 드래그하여 이동할 수 있습니다.

04 선택을 해제하기 위해 **그림의 바운딩 박스 표시 바깥 여백을 클릭**합니다.

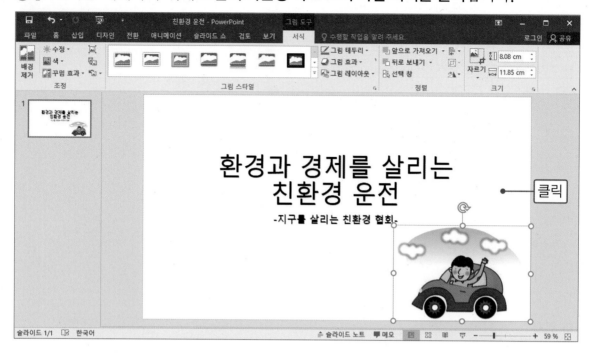

05 8개의 조절점이 있는 바운딩 박스 표시가 사라집니다.

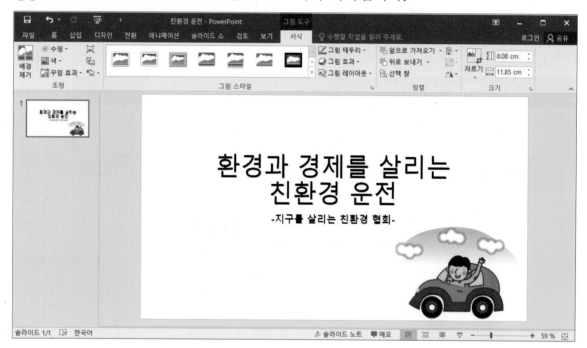

▶ 슬라이드 추가하여 입력하기

01 [홈] 탭-[슬라이드] 그룹에서 [새 슬라이드]의 아이콘(▤)을 클릭합니다.

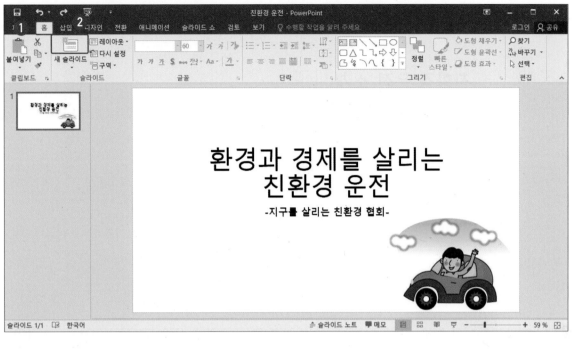

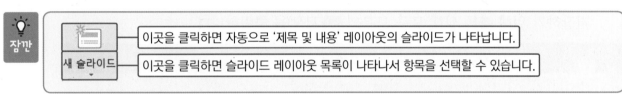

02 슬라이드가 추가된 것을 확인할 수 있습니다.

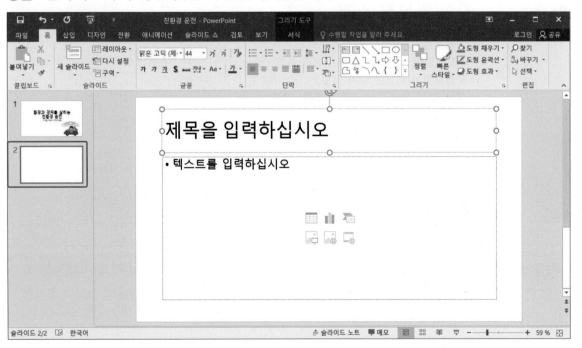

03 제목 텍스트 상자에 '친환경 운전 소개'라고 입력합니다.

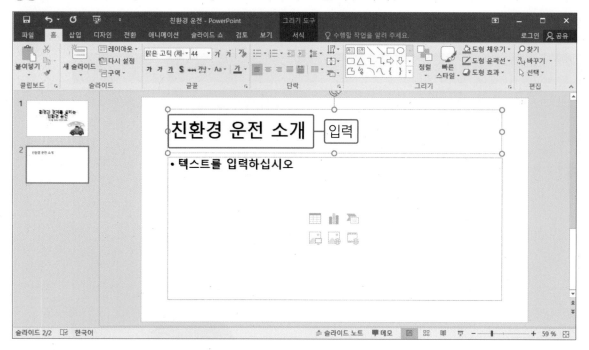

04 내용 텍스트 상자에 다음과 같이 **입력**합니다. 다음 줄로 넘어가려면 Enter 키를 누릅니다. 저장하기 위해 빠른 실행 도구 모음의 🔲(저장)을 클릭합니다.

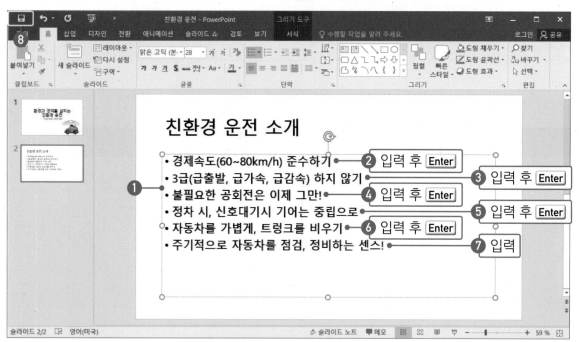

원본(친환경 운전.pptx)과 새로 수정하여 작업한 파일을 각각 보관하려면 [파일] 탭-[다른 이름으로 저장]-[이 PC]를 더블 클릭합니다. [다른 이름으로 저장] 대화상자가 나타나면 파일명을 수정하여 저장합니다.

▶ 리본 메뉴 활용하기

01 1번 슬라이드로 이동하기 위해 슬라이드 미리 보기 창에서 **1번 슬라이드**를 클릭합니다. 리본 메뉴를 숨기기 위해 ⌃(리본 메뉴 축소) 버튼을 클릭합니다.

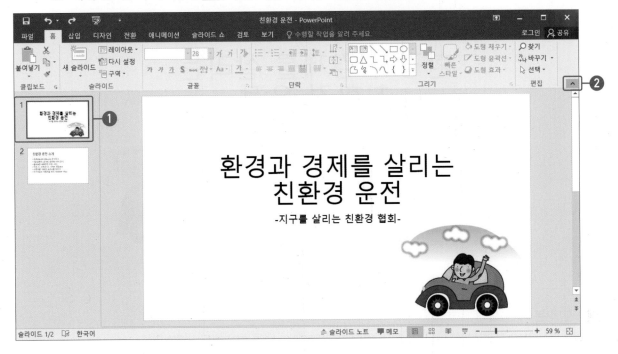

02 리본 메뉴가 숨겨져 슬라이드 창을 넓게 사용할 수 있습니다. 텍스트와 그림이 크게 보이며 슬라이드의 배율을 확인하면 확대된 것을 확인할 수 있습니다.

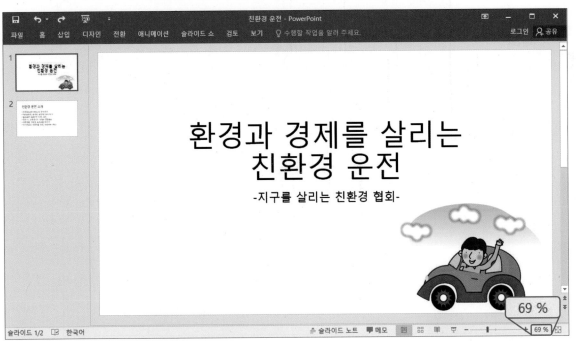

 사용자의 모니터 환경에 따라 달라질 수 있습니다. 여기서는 '59%'에서 '69%'로 변경되었습니다.

03 [홈] 탭을 클릭하면 리본 메뉴가 나타나지만 슬라이드 창을 클릭하면 다시 사라집니다.

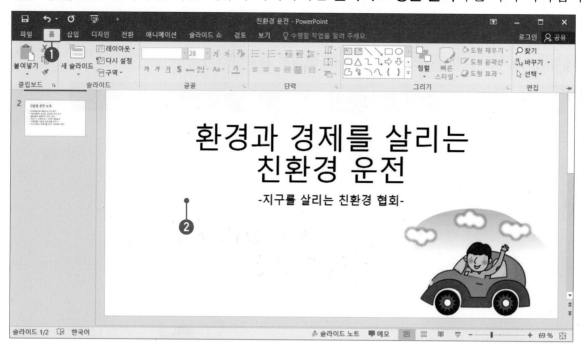

숨긴 리본 메뉴 보기
리본 메뉴가 숨겨진 상태에서 [홈] 탭이 아닌 임의의 메뉴 탭을 클릭해도 나타납니다.

04 [홈] 탭을 더블 클릭하면 사라진 리본 메뉴가 다시 나타나서 고정됩니다.

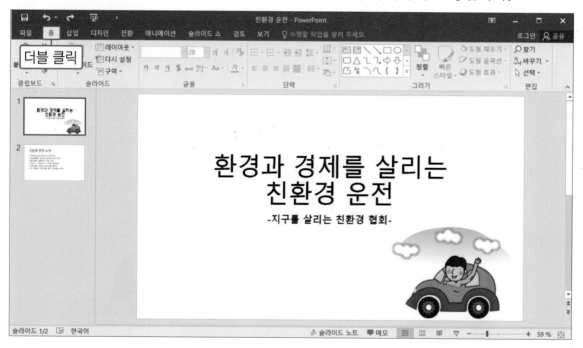

• 초보 사용자들의 경우 실수로 메뉴 탭을 더블 클릭하여 숨겨진 리본 메뉴 때문에 난감해 하는 일이 종종 있습니다. 다시 더블 클릭하면 리본 메뉴가 고정되어 나타납니다.
• 사라진 리본 메뉴를 다시 고정시킬 때도 [홈] 탭이 아닌 임의의 메뉴 탭을 더블 클릭해도 됩니다.

01 새 프레젠테이션을 생성한 후 제목 슬라이드에 다음과 같이 입력해 봅니다.

감성 마케팅의 성공 요소 분석
-고객의 감정을 읽으면 성공이 보인다-

 힌트 새 프레젠테이션 생성하기 : 파워포인트 프로그램이 이미 실행되어 있는 상태라면 [파일] 탭-[새로 만들기]-[새 프레젠테이션]을 클릭하거나 Ctrl + N 키를 누릅니다.

02 문제 **01**의 파일에 슬라이드를 추가하여 다음처럼 입력한 후 그림을 삽입해 봅니다.

준비파일 성공나무.jpg

감성 마케팅의 성공 요소

- 소비자에서 '사람'으로 변화
- 상품에서 '경험'으로 변화
- 아이덴티티에서 '개성'으로 변화
- 서비스에서 '관계'로 변화

03 문제 **01~02**에서 만든 파일을 '감성마케팅'이라는 이름으로 저장해 봅니다.

04 새 프레젠테이션을 생성한 후 제목 슬라이드에 다음과 같이 입력하고 그림을 삽입해 봅니다.

준비파일 컬러나무.png

05 문제 **04**의 파일에 슬라이드를 추가하고 다음과 같이 입력해 봅니다.

식욕감퇴 색상 & 식욕증진 색상

- 파랑 : 파란색은 독이 든 음식이나 덜 익은 과일을 떠올리게 하고, 쓴맛을 느끼게 하여 식욕을 감퇴시켜 준다.
- 보라 : 보라색은 상한 음식을 떠올리게 하여 그릇 색상을 보라색으로 하면 식욕 감퇴에 도움을 준다.
- 빨강 : 붉은 색상을 보면 아드레날린이 분비되어 활력을 주고 식욕을 돋우게 된다.
- 노랑 : 노란색은 신맛과 달콤함을 느끼게 한다.

06 문제 **04~05**에서 만든 파일을 '컬러테라피.pptx'로 저장해 봅니다.

02 홍보 자료 만들기

- 슬라이드 크기 조절
- 슬라이드 레이아웃 변경
- 슬라이드 복제
- 슬라이드 이동

- 슬라이드 삭제
- 슬라이드 번호
- 슬라이드 화면 보기

미/리/보/기

■ 준비파일 : 마을.jpg
■ 완성파일 : 마을 홍보(완성).pptx

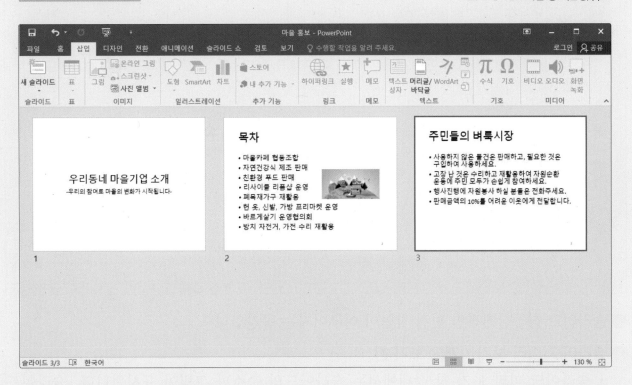

이번 장에서는 파워포인트에서 제공하는 다양한 슬라이드 작업 환경과 화면 보기를 알아보

겠습니다. 더불어 슬라이드의 레이아웃 변경, 복제, 이동, 삭제에 관한 방법도 살펴봅니다.

▶ 다양한 슬라이드 화면 보기

파워포인트의 화면 보기는 기본 보기, 여러 슬라이드 보기, 읽기용 보기, 슬라이드 쇼 보기의 네 가지 유형으로 구성되어 있습니다. 사용자의 작업 유형에 따라 선택할 수 있습니다.

▲ 슬라이드 화면 보기 전환 버튼

▶ 기본 보기

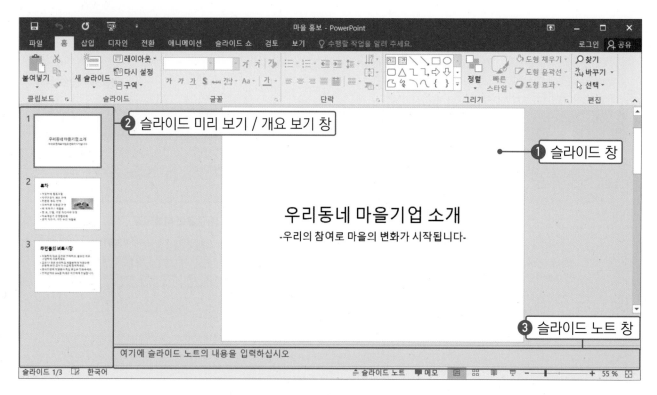

❶ 슬라이드 창 : 실제적인 편집 작업이 이루어지는 공간입니다.

❷ 슬라이드 미리 보기 / 개요 보기 창

- 슬라이드 미리 보기 창 상태에서는 슬라이드의 축소판 그림이 표시됩니다. 슬라이드의 구성을 볼 수 있고, 슬라이드를 생성, 이동, 복사, 삭제할 수 있습니다.
  - 생성 : Enter 키를 눌러 새 슬라이드를 생성합니다.
  - 이동 : 슬라이드를 드래그하여 이동합니다.
  - 복사 : 슬라이드를 선택하고 Ctrl + C 키를 눌러 복사하고, Ctrl + V 키를 눌러 붙입니다.
  - 복제 : 슬라이드를 선택하고 Ctrl + D 키를 눌러 바로 아래에 복제합니다.
  - 삭제 : 슬라이드를 선택하고 Delete 키를 눌러 삭제합니다.

- 개요 보기 창 상태에서는 슬라이드의 텍스트를 확인하고 수정할 수 있습니다. [보기] 탭-[프레젠테이션 보기] 그룹-[개요 보기]를 클릭해 표시할 수도 있습니다.

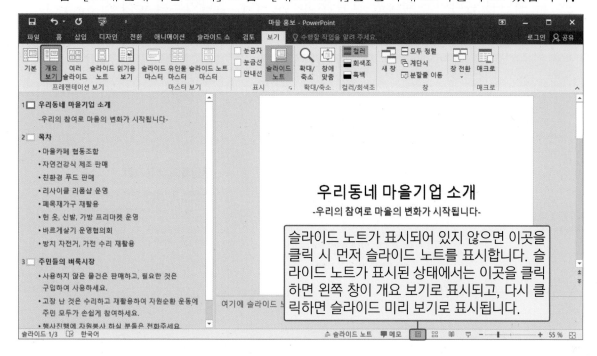

❸ 슬라이드 노트 창

- 프레젠테이션을 할 때 청중에게 전달할 내용이나 참고 자료를 작성하는 공간으로, 인쇄하여 유인물로 사용할 수 있습니다.

- 하단의 `슬라이드 노트`를 클릭하거나 슬라이드 노트 창의 영역을 드래그하여 표시한 후 입력합니다. [보기] 탭-[프레젠테이션 보기] 그룹-[슬라이드 노트]를 클릭하여 슬라이드 노트 보기 상태에서 내용을 입력할 수도 있습니다.

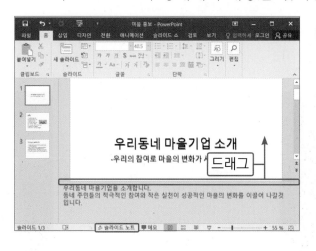

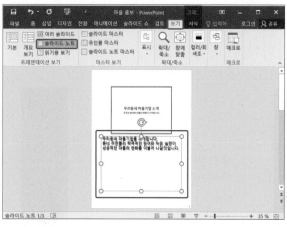

▶ 여러 슬라이드 보기

바둑판 모양으로 배열된 슬라이드 축소판 그림을 표시합니다. 슬라이드의 순서 지정, 추가, 삭제, 화면 전환 및 애니메이션 효과 미리 보기 등을 쉽게 수행할 수 있습니다.

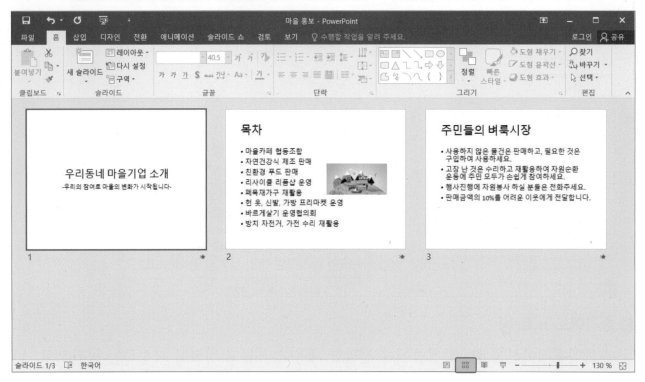

▶ 읽기용 보기 / 슬라이드 쇼

- 읽기용 보기 : 스크린에 꽉 차게 보이는 슬라이드 쇼와는 달리 현재 파워포인트 창의 크기로 쇼를 실행하며, 하단의 버튼을 통하여 슬라이드를 전환할 수 있습니다.
- 슬라이드 쇼 : 전체 화면에 슬라이드를 표시하며, 실제 청중들이 보는 프레젠테이션과 동일합니다.

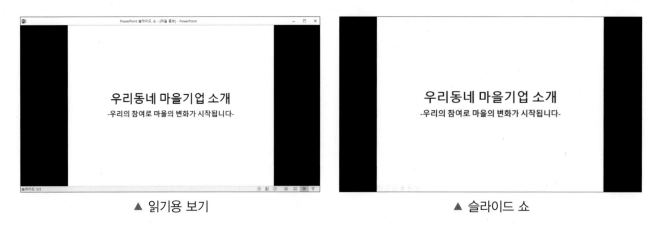

▲ 읽기용 보기   ▲ 슬라이드 쇼

▶ 슬라이드 작성하기

01 파워포인트를 실행한 후 [새 프레젠테이션]을 클릭합니다. 제목 슬라이드의 제목과 부제목을 다음처럼 **입력**합니다.

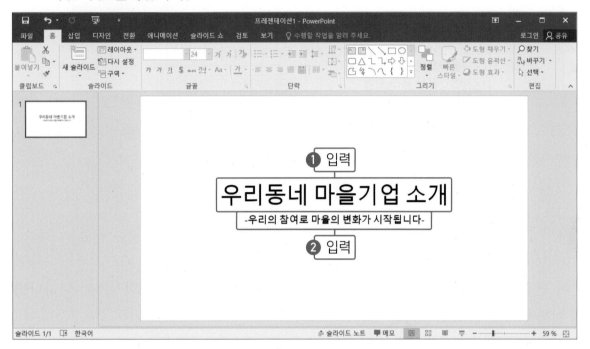

02 [홈] 탭-[슬라이드] 그룹-[새 슬라이드]를 클릭합니다. 다양한 레이아웃의 슬라이드 목록이 나타나면 [제목 및 내용]을 선택합니다.

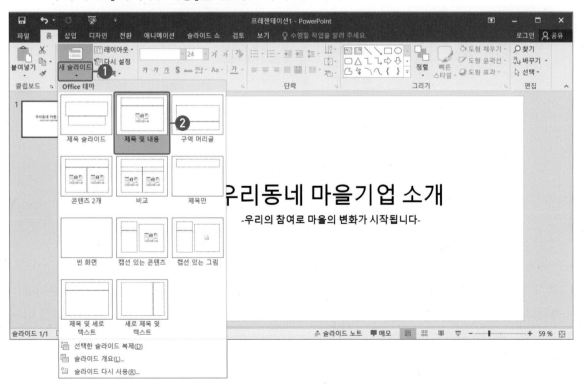

03 추가된 슬라이드에 다음처럼 **입력**하고 [삽입] 탭-[이미지] 그룹-[그림]을 클릭합니다. [그림 삽입] 대화상자가 나타나면 '**마을.jpg**' 파일을 선택하고 [삽입] 버튼을 클릭한 후 드래그 하여 삽입된 그림의 위치를 조정합니다. 빠른 실행 도구 모음의 ▦(저장)을 클릭합니다.

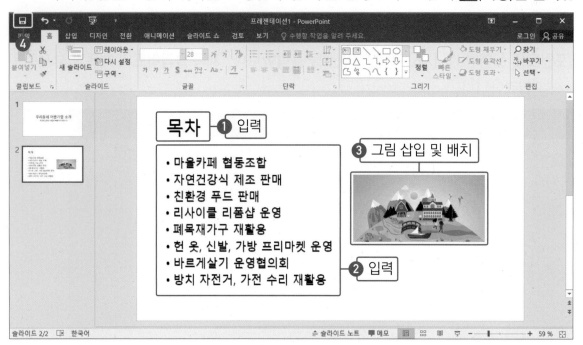

04 화면이 변경되면 [이 PC]를 더블 클릭합니다. [다른 이름으로 저장] 대화상자가 나타나면 파일 이름을 '**마을 홍보**'로 저장합니다.

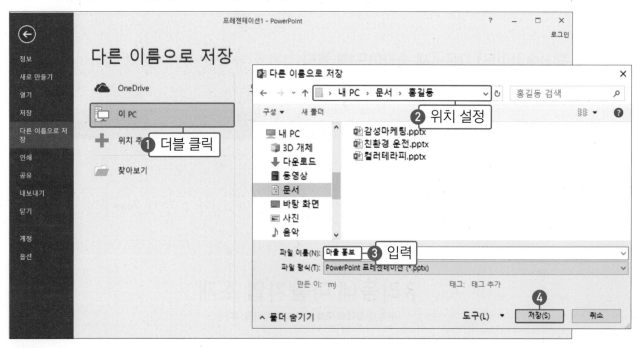

 여기까지 직접 작업할 수도 있고, 제공되는 파일을 불러와 다음 작업을 진행할 수도 있습니다. [준비파일] 폴더의 '마을 홍보.pptx' 파일을 찾아 더블 클릭하거나 [파일] 탭-[열기]-[찾아보기]를 클릭하면 나타나는 [열기] 대화상자에서 찾아 선택합니다.

▶ 슬라이드 크기 조절하기

01 [디자인] 탭-[사용자 지정] 그룹-[슬라이드 크기]를 클릭한 후 [표준(4:3)]을 선택합니다.

[슬라이드 크기] 대화상자

[디자인] 탭-[사용자 지정] 그룹-[슬라이드 크기]에서 [사용자 지정 슬라이드 크기]를 선택합니다.

① **슬라이드 크기** : 슬라이드 크기를 지정합니다.

② **슬라이드 시작 번호** : 슬라이드 시작 번호를 변경할 수 있습니다(단, 슬라이드 번호 삽입은 [삽입] 탭-[텍스트] 그룹-[머리글/바닥글]에서 지정합니다).

③ **방향** : 슬라이드의 방향을 변경할 수 있습니다.

02 다음과 같은 대화상자가 나타나면 [맞춤 확인]을 클릭합니다.

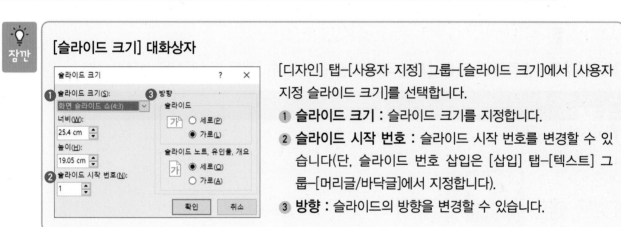

[최대화]를 설정하면 슬라이드의 크기에 따라 레이아웃이 변경될 수 있습니다. [맞춤 확인]을 설정하면 변경되는 슬라이드 크기에 맞추어 개체도 같이 변경되기 때문에 레이아웃은 크게 변경되지 않습니다.

03 와이드스크린(16:9) 비율의 슬라이드가 표준(4:3) 비율의 슬라이드로 변경된 것을 확인할 수 있습니다.

04 [홈] 탭-[슬라이드] 그룹-[새 슬라이드]를 클릭한 후 [제목 및 내용]을 선택합니다.

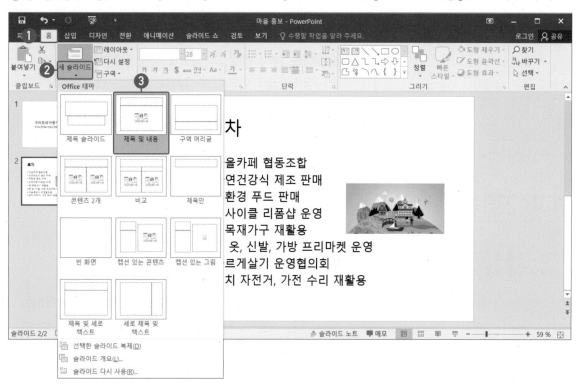

 잠깐

슬라이드 추가
슬라이드 미리 보기 창에서 Enter 키를 눌러도 새 슬라이드를 삽입할 수 있습니다.

05 새 슬라이드의 **제목 텍스트 상자와 내용 텍스트 상자**에 다음과 같이 **입력합니다.**

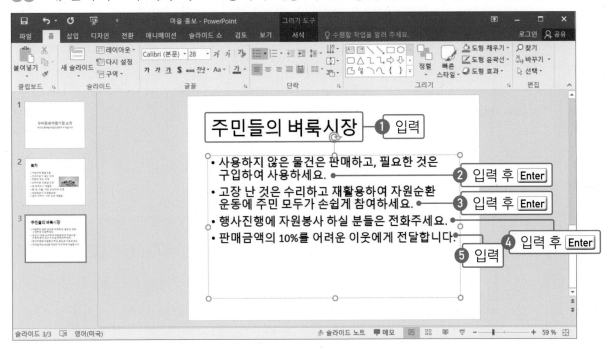

▶ 슬라이드 복제 및 레이아웃 변경, 이동, 삭제하기

01 슬라이드 미리 보기 창에서 3번 슬라이드를 클릭한 후 [홈] 탭-[클립보드] 그룹에서 [복사(⬜▾)]의 ▾를 클릭해 [복제]를 선택합니다. 3번 슬라이드가 복제되어 4번 슬라이드가 생성됩니다.

잠깐

슬라이드 복제 바로 가기 키
슬라이드 미리 보기 창에서 해당 슬라이드를 선택하고 Ctrl + D 키를 눌러도 복제됩니다.

02 [홈] 탭-[슬라이드] 그룹-[레이아웃]을 클릭한 후 [세로 제목 및 텍스트]를 선택합니다.

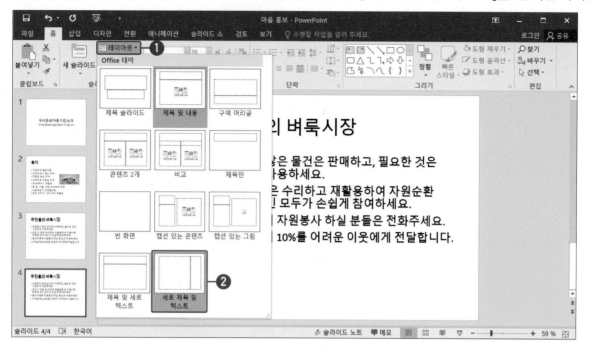

03 선택한 슬라이드의 레이아웃이 변경된 것을 확인할 수 있습니다. 4번 슬라이드를 클릭한 채 맨 위로 드래그하여 이동합니다.

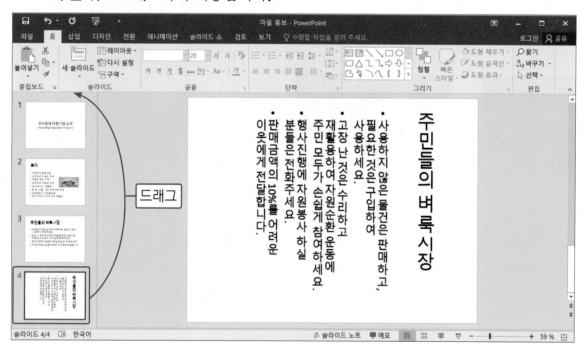

 슬라이드 복사

[Ctrl] 키를 누른 채 드래그하면 드래그하는 위치로 선택한 슬라이드가 복사되어 생성됩니다.

04 4번 슬라이드가 1번 위치로 이동한 것을 확인할 수 있습니다. 방금 이동시킨 슬라이드를 삭제하기 위해 Delete 키를 누릅니다.

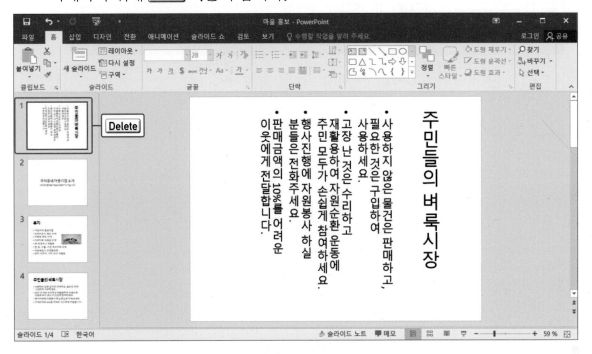

05 1번 슬라이드가 삭제되어 아래 있던 슬라이드가 순서대로 위로 올라옵니다.

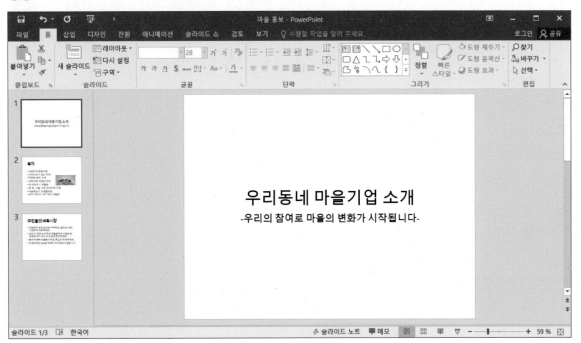

▶ 슬라이드 번호 매기기

01 [삽입] 탭-[텍스트] 그룹-[머리글/바닥글]을 클릭합니다.

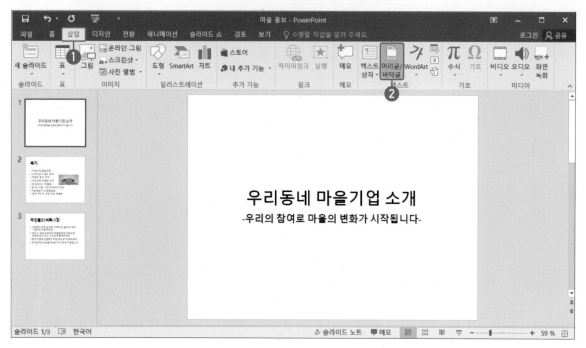

02 [머리글/바닥글] 대화상자가 나타나면 '슬라이드 번호'와 '제목 슬라이드에는 표시 안 함'을 클릭하여 체크한 후 [모두 적용] 버튼을 클릭합니다.

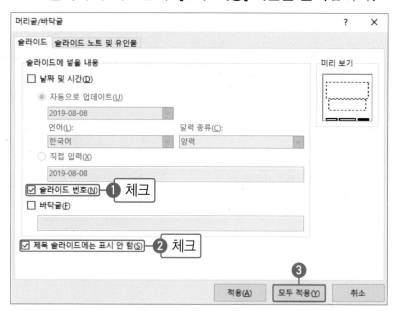

03 '제목 슬라이드에는 표시 안 함'을 체크하였기 때문에 1번 슬라이드의 오른쪽 하단에는 페이지 번호가 표시되지 않습니다.

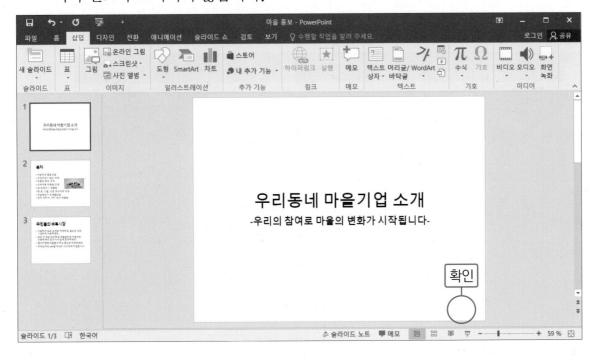

04 슬라이드 미리 보기 창에서 **2번 슬라이드**를 클릭한 후 2번 슬라이드의 오른쪽 하단을 살펴보면 '2'라는 **페이지 번호가 생성된 것**을 확인할 수 있습니다.

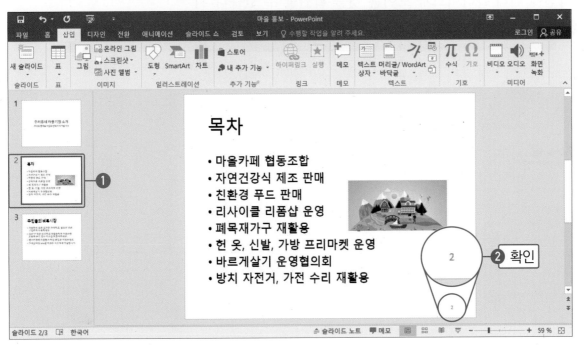

05 3번 슬라이드의 페이지 번호도 확인합니다.

▶ 슬라이드 화면 보기

01 오른쪽 하단의 화면 보기를 살펴보면 ▥(기본)으로 설정되어 있습니다. ▦(여러 슬라이드)
를 클릭합니다.

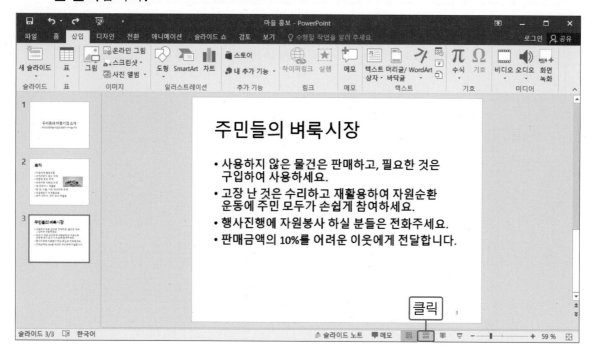

02 한 화면에 여러 슬라이드가 보이는 것을 확인할 수 있습니다.

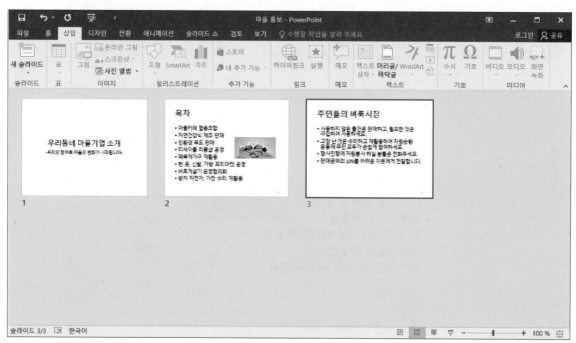

03 오른쪽 하단의 `100 %`(확대/축소 비율)을 클릭합니다. [확대/축소] 대화상자가 나타나면 [사용자 지정]을 '130%'로 입력한 후 [확인] 버튼을 클릭합니다.

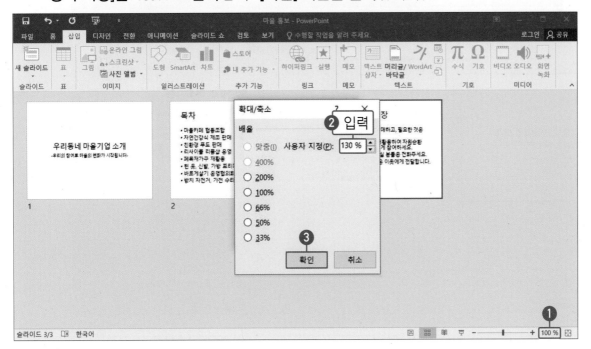

04 슬라이드의 배율이 확대되어 슬라이드가 크게 보이는 것을 확인할 수 있습니다.

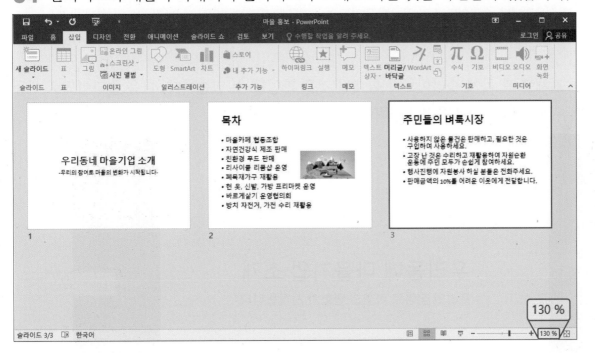

05 이번에는 오른쪽 하단의 화면 보기 중 ⬚(슬라이드 쇼)를 클릭합니다.

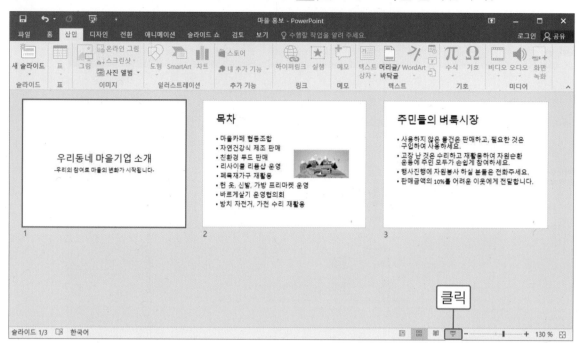

 잠깐

슬라이드 쇼 바로 가기 키
슬라이드 쇼는 발표 시 자주 사용하는 화면 모드입니다. 신속하게 슬라이드 쇼 보기 모드로 가기 위해 F5 키를 사용합니다. 슬라이드 쇼가 끝나지 않아도 Esc 키를 누르면 슬라이드 쇼 보기 모드가 해제됩니다.

06 화면 전체에 꽉 차게 슬라이드가 확대된 것을 확인할 수 있습니다. 다음 슬라이드로 이동하기 위해 화면의 **아무 곳이나 클릭**합니다.

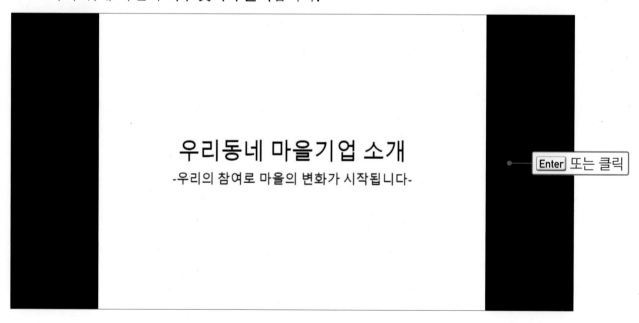

07 2번 슬라이드로 이동한 것을 확인할 수 있습니다. 다음 슬라이드로 이동하기 위해 화면의 **아무 곳이나 클릭합니다.**

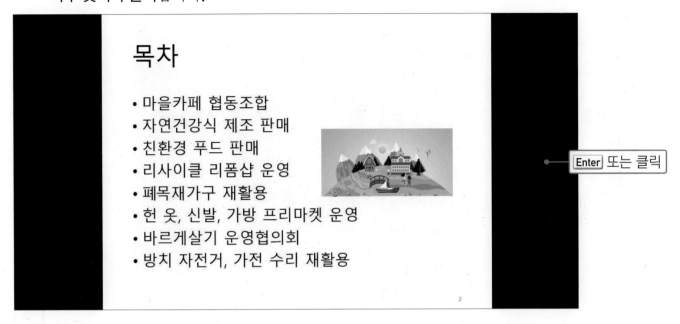

08 3번 슬라이드로 이동한 것을 확인할 수 있습니다. 화면의 **아무 곳이나 클릭합니다.**

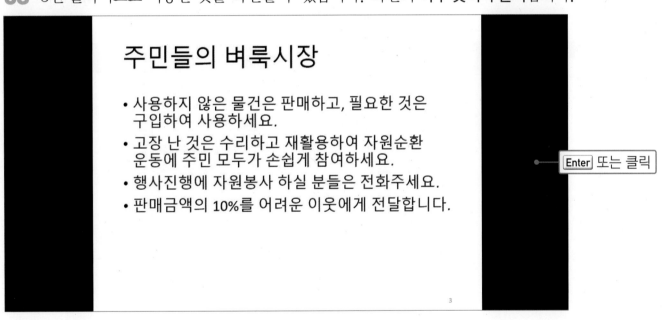

 이전 슬라이드로 이동
Backspace 키를 누르면 이전 슬라이드로 이동할 수 있습니다. 방향키 ← 또는 PageUp 키를 눌러도 됩니다.

09 더 이상의 슬라이드가 없기 때문에 상단에 슬라이드 쇼가 끝났다는 메시지와 함께 끝내려면 마우스를 클릭하라는 메시지가 나타납니다. **화면을 클릭합니다.**

Enter 또는 클릭

10 여러 슬라이드 화면 보기로 돌아왔습니다. 기본 화면으로 보기 위해 ▣(기본)을 클릭합니다.

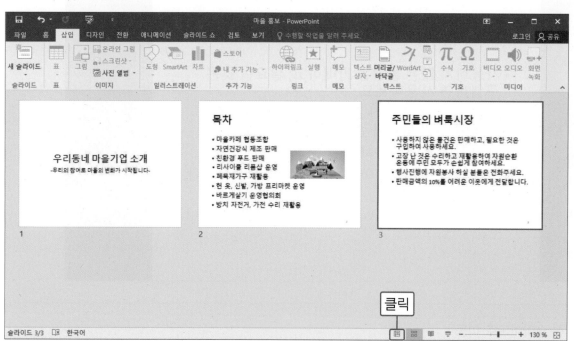

클릭

11 빠른 실행 도구 모음의 ▣(저장)을 클릭합니다.

01 새 프레젠테이션을 생성한 후 제목 슬라이드에 다음과 같이 입력해 봅니다.

혈액형에 어울리는
향수 제안

-향수를 사랑하는 향기 동호회-

02 문제 **01**의 파일에 슬라이드를 추가한 후 다음과 같이 입력하고 그림을 삽입해 봅니다.

준비파일 퍼퓸.jpg

목차

- 향수의 어원
- 섬세한 새침데기 A형
- 덜렁대지만 지적인 B형
- 스마트한 사교가 AB형
- 활달하고 정열적인 O형

03 문제 **02**의 파일에서 슬라이드 크기를 '표준(4:3)'으로 변경하고, 슬라이드 번호를 삽입해 봅니다.

혈액형에 어울리는
향수 제안

-향수를 사랑하는 향기 동호회-

1

힌트 [머리글/바닥글] 대화상자에서 '제목 슬라이드에는 표시 안 함'에는 체크하지 않고, '슬라이드 번호'에만 체크합니다.

04 문제 **03**의 파일에서 2번 슬라이드 레이아웃을 '세로 제목 및 텍스트'로 변경한 후 '향수.pptx'로 저장해 봅니다.

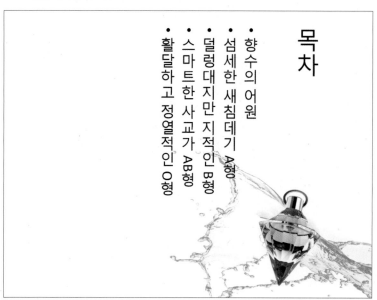

03 모임 안내장 만들기

- 한자 및 기호 입력
- 글꼴 및 단락 꾸미기
- 글머리 기호 및 번호 매기기
- 목록 수준 설정
- 서식 복사
- 개체 크기 조절

미 / 리 / 보 / 기

준비파일 : 테두리.png
완성파일 : 초대장(완성).pptx

송년(送年)모임 招待의 글
★Invitation

▲ 1번 슬라이드

◇당신을 초대합니다

올해도 참 바쁘게 달려온 듯 합니다. 많이 웃고 많이 즐거우셨습니까? 때론 힘들고 때론 아픔으로 눈물지은 날도 있었겠지요.

일상의 잡념을 떨칠 수 있는 좋은 만남, 귀하를 모시고 뜻 깊은 자리를 마련하게 되었습니다. 부디 참석하시어 마음과 가슴을 나누시기 바랍니다.

➢주소 : 여의도 JW컨벤션 볼룸홀
➢일시 : 2020년 12월 10일
➢시간 : 오후 7시

▲ 2번 슬라이드

◇송년회 행사 식순

① 송년회 개회사
② 내빈 소개
③ 송년회 축사
④ 시상식
⑤ 축하공연
⑥ 송년회 폐회사

▲ 3번 슬라이드

이번 장에서는 한자 및 기호를 삽입하는 방법과 단락을 이용하여 목록 수준을 설정하는 방법을 알아보겠습니다.

01 글꼴과 단락 관련 기능 알아보기

▶ [홈] 탭의 텍스트 관련 기능 살펴보기

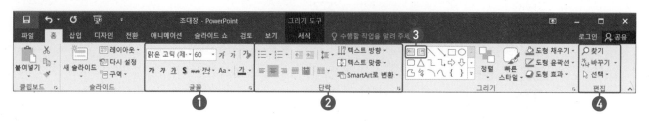

① [글꼴] 그룹 : 텍스트의 모양, 크기, 색상, 간격 등과 같은 서식을 변경할 수 있습니다.

② [단락] 그룹 : 글머리 기호, 번호 매기기, 줄 간격 등과 같은 단락에 관련된 속성을 변경할 수 있습니다.

③ 가로 / 세로 텍스트 상자 : 슬라이드에 클릭이나 드래그하여 텍스트 상자를 새로 생성할 수 있습니다.

④ [편집] 그룹 : 특정 텍스트를 찾거나 텍스트를 찾아 변경합니다. 텍스트나 개체를 선택할 수도 있습니다.

▶ [글꼴] 그룹 살펴보기

① 글꼴 : 입력 상자에 글꼴 이름을 입력하거나 ▼를 클릭하여 목록에서 글꼴을 선택합니다.

② 글꼴 크기 : 입력 상자에 값을 입력하거나 ▼를 클릭해 목록에서 크기를 선택합니다.

③ 글꼴 크기 크게 / 글꼴 크기 작게 : 텍스트 크기를 한 단계 크게 또는 작게 조정합니다.

④ 모든 서식 지우기 : 선택한 텍스트의 내용만 남기고 적용된 서식을 모두 지웁니다.

⑤ 굵게 / 기울임꼴 / 밑줄 / 텍스트 그림자 / 취소선 : 굵게, 기울임꼴, 밑줄, 텍스트 그림자, 취소선을 적용합니다.

⑥ 문자 간격 : 텍스트의 간격을 넓히거나 좁게 변경합니다.

⑦ 대/소문자 바꾸기 : 영어의 대소문자를 변경합니다.

⑧ 글꼴 색 : 텍스트의 색상을 선택합니다.

▶ [단락] 그룹 살펴보기

❶ **글머리 기호** : 단락의 시작 위치에 •, ◆, ■와 같은 글머리 기호를 표시합니다.

❷ **번호 매기기** : 단락의 시작 위치에 1, ①, Ⅰ, 1)와 같은 번호를 표시합니다.

❸ **목록 수준 줄임 / 목록 수준 늘림** : 단락의 수준을 한 단계 위로 올리거나 아래로 내립니다.

❹ **줄 간격** : 줄 간격을 조절합니다.

❺ **왼쪽 맞춤 / 가운데 맞춤 / 오른쪽 맞춤 / 양쪽 맞춤 / 균등 분할** : 왼쪽 맞춤, 가운데 맞춤, 오른쪽 맞춤, 양쪽 맞춤, 균등 분할을 적용합니다.

❻ **열 추가 또는 제거** : 하나의 텍스트 상자에 여러 개의 단을 설정할 수 있습니다.

❼ **텍스트 방향** : 텍스트의 방향을 세로, 90도 등으로 회전합니다.

❽ **텍스트 맞춤** : 텍스트의 위쪽, 중간, 가운데로 설정합니다.

❾ **SmartArt로 변환** : 목록 수준이 구분된 텍스트를 스마트아트로 변환합니다.

▶ 미니 도구 모음과 바로 가기 메뉴 살펴보기

텍스트를 선택하고 마우스 오른쪽 버튼을 클릭하면 주요한 기능을 모아 놓은 미니 도구 모음과 바로 가기 메뉴에서 글꼴과 단락의 서식을 바로 변경할 수 있습니다.

▲ 미니 도구 모음

▲ 바로 가기 메뉴

▶ 슬라이드 작성하기

01 파워포인트를 실행한 후 [새 프레젠테이션]을 클릭합니다. 제목 슬라이드가 나타나면 다음과 같은 텍스트를 입력하고 [삽입] 탭-[이미지] 그룹-[그림]을 클릭합니다. [그림 삽입] 대화상자가 나타나면 '테두리.png' 파일을 선택한 후 [삽입] 버튼을 클릭하고, 삽입된 그림을 다음과 같이 제목 위로 드래그합니다.

02 [홈] 탭-[슬라이드] 그룹에서 [새 슬라이드]의 아이콘(▣)을 클릭합니다. 2번 슬라이드가 추가되면 다음처럼 입력합니다.

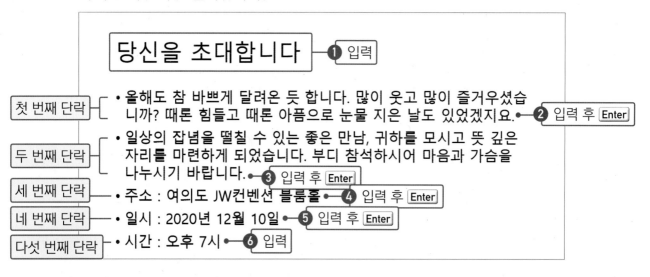

텍스트를 입력하다가 Enter 키를 누르면 다음 단락이 만들어집니다. 한 단락은 한 줄일 수도 있고, Enter 키 없이 입력하면 여러 줄이 한 단락이 될 수도 있습니다.

▶ 한자 입력하기

01 슬라이드 미리 보기 창에서 1번 슬라이드를 클릭한 후 '송년'을 드래그하여 블록 지정합니다. [검토] 탭-[언어] 그룹-[한글/한자 변환]을 클릭한 후 [한글/한자 변환] 대화상자가 나타나면 [입력 형태]를 '한글(漢字)'로 설정하고 [변환] 버튼을 클릭합니다.

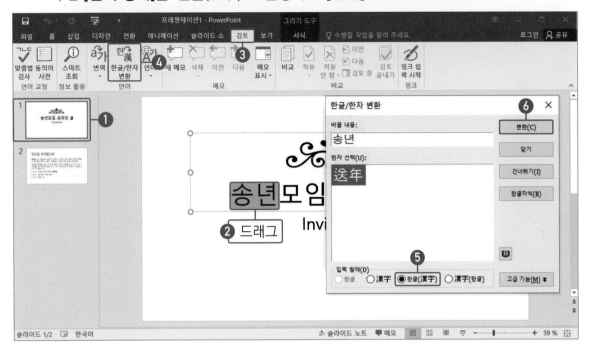

잠깐 한자 사전

한자의 담긴 뜻을 알고 싶을 때는 [한글/한자 변환] 대화상자에서 📖(한자 사전)을 클릭합니다.

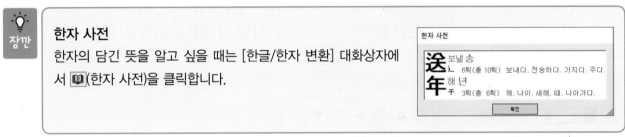

02 '초대'를 드래그하여 블록으로 지정한 후 [한자] 키를 누르면 바로 한자 목록이 나타납니다. 해당 한자를 클릭합니다.

잠깐 한자를 한글로 변경하기

한자를 다시 한글로 변환하려면 한자를 블록으로 지정한 후 [한자] 키를 누릅니다. 한자의 한 자음을 모를 때 사용하면 유용합니다.

▶ 기호 입력하기

01 기호를 삽입하기 위해 **부제목의 맨 앞에** 커서가 위치하도록 클릭합니다. [삽입] 탭–[기호] 그룹–[기호]를 클릭합니다.

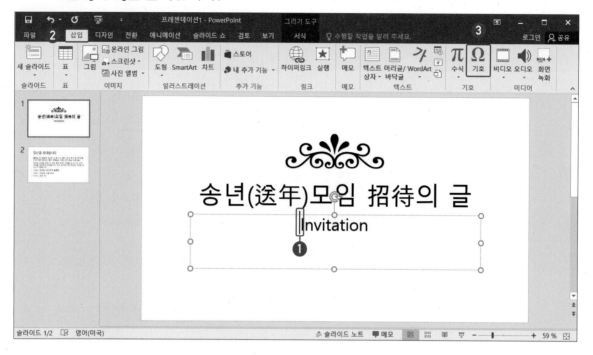

02 [기호] 대화상자가 나타나면 [글꼴]은 '(현재 글꼴)', [하위 집합]은 '기타 기호'로 설정하고 별 모양을 선택한 후 [삽입] 버튼을 클릭합니다. 이어서 [닫기] 버튼을 클릭합니다.

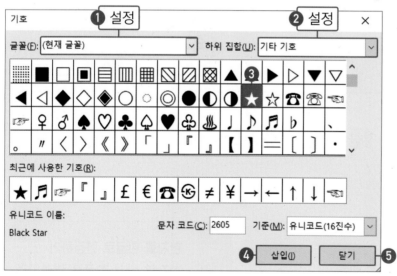

03 기호가 삽입된 것을 확인할 수 있습니다.

04 슬라이드 미리 보기 창에서 2번 슬라이드를 클릭합니다. 제목의 맨 앞에 커서가 위치하도록 클릭하고 한글 자음 '**ㅁ**'을 입력한 후 한자 키를 누릅니다. 기호 목록이 나타나면 하단의 ⟫ (확장) 버튼을 클릭합니다.

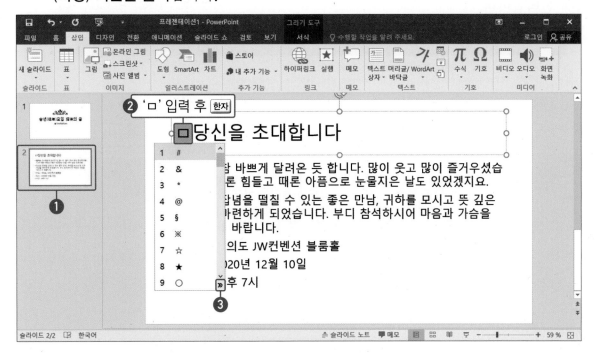

05 다양한 기호들이 나타나면 그중 '◇'를 선택합니다.

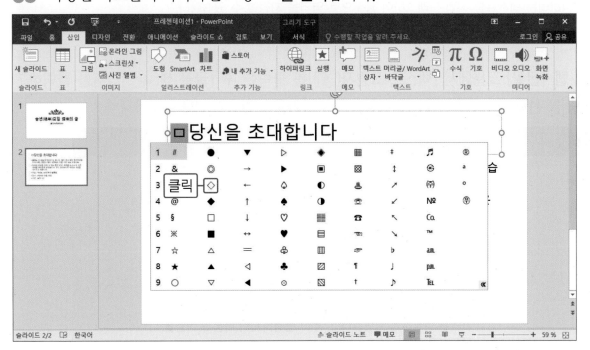

06 기호가 삽입된 것을 확인할 수 있습니다.

◇당신을 초대합니다

▶ 텍스트 꾸미기

01 제목 텍스트 상자 내의 모든 텍스트의 서식을 변경하기 위해 **제목 텍스트 상자의 테두리를 클릭**해 선택합니다.

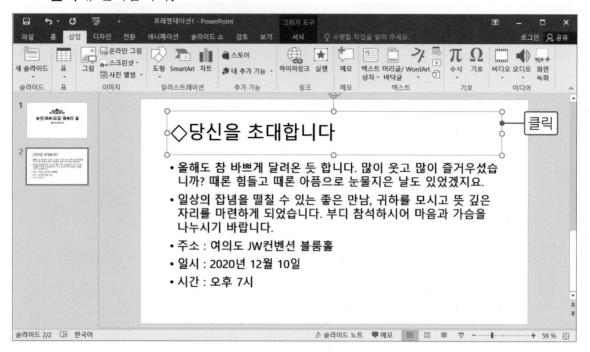

 변경하려는 텍스트를 직접 드래그하여 블록으로 영역을 지정할 수 있습니다.

02 [홈] 탭-[글꼴] 그룹에서 [텍스트 그림자(⑤)]를 클릭한 후 [글꼴 색(가·)]의 ▼를 클릭하고 [파랑]을 선택합니다. [홈] 탭-[단락] 그룹에서 [가운데 맞춤(▤)]을 클릭합니다.

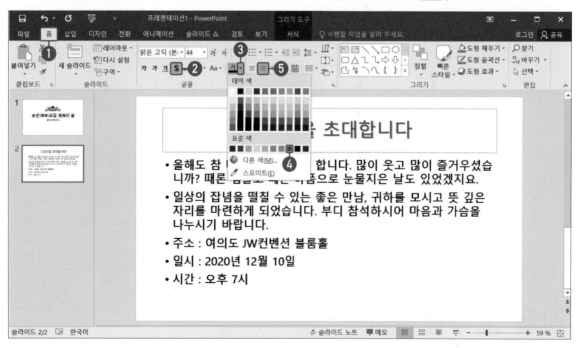

▶ 글머리 기호 설정하기

01 내용 텍스트 상자의 기본 값인 글머리 기호를 해제하기 위해 **내용 텍스트 상자에서 첫 번째 줄부터 다섯 번째 줄까지 드래그하여 블록을 지정**한 후, [홈] 탭-[단락] 그룹에서 [글머리 기호(☰▾)]의 아이콘(☰)을 클릭합니다.

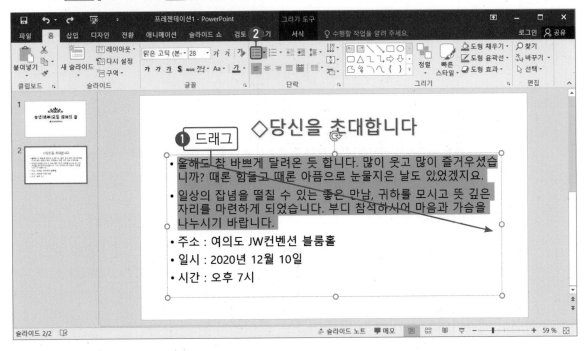

02 내용 텍스트 상자의 기본 값인 글머리 기호를 변경하기 위해 **여섯 번째 줄부터 여덟 번째 줄까지 드래그하여 블록을 지정**한 후, [홈] 탭-[단락] 그룹에서 [글머리 기호(☰▾)]의 ▾를 클릭하여 [화살표 글머리 기호(➤)]를 선택합니다.

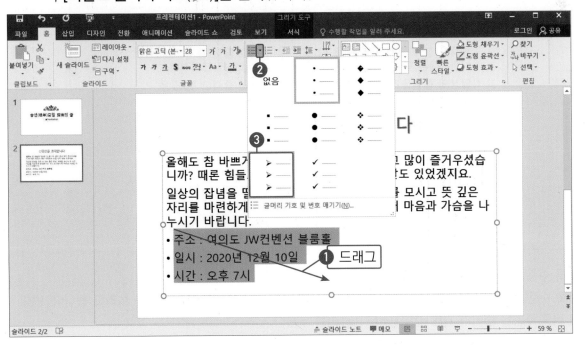

▶ 목록 수준 설정하기

01 목록 수준을 변경하기 위해 [홈] 탭-[단락] 그룹-[목록 수준 늘림(▣)]을 클릭합니다.

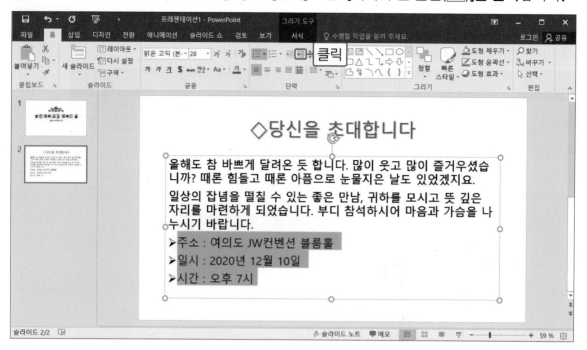

02 목록이 조절되어 텍스트의 크기가 한 단계 줄어들고, 들여쓰기 된 것을 확인할 수 있습니다.

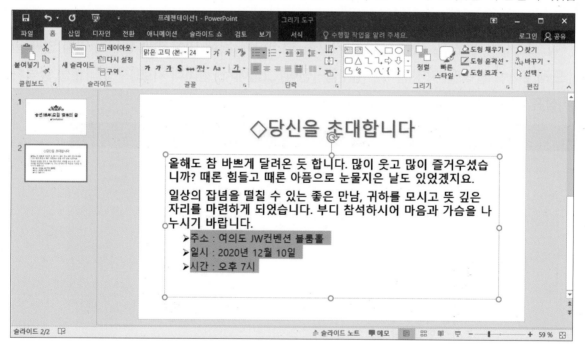

목록 수준 늘리기 / 목록 수준 줄이기
목록 수준을 늘리기 위해서는 단락 앞에 커서를 두거나 블록을 지정한 후 Tab 키를 눌러도 됩니다. 반대로 목록 수준을 줄이기 위해서는 Shift + Tab 키를 누릅니다.

▶ 번호 매기기

01 슬라이드 미리 보기 창에서 2번 슬라이드를 클릭한 후 [홈] 탭-[클립보드] 그룹에서 [복사(🗐▾)]의 ▾를 클릭하여 [복제]를 선택합니다.

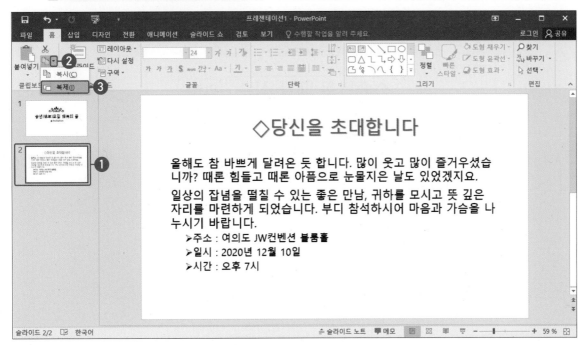

02 2번 슬라이드가 복제되어 3번 슬라이드가 생성되었습니다. 서식을 그대로 사용하고 내용만 변경하기 위해 **제목 텍스트 상자의 기호를 제외한 텍스트를 드래그**하여 블록으로 지정합니다.

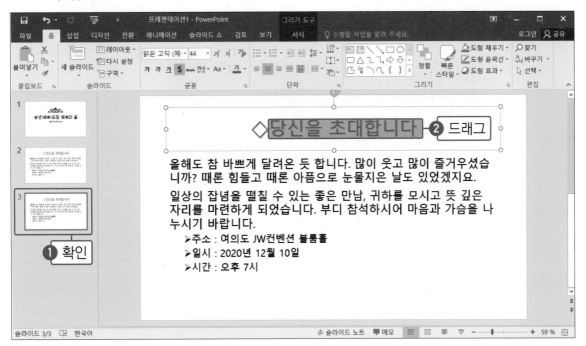

03 블록이 지정된 상태에서 **'송년회 행사 식순'**이라고 **입력**합니다. 서식은 유지되면서 내용만 변경된 것을 확인할 수 있습니다.

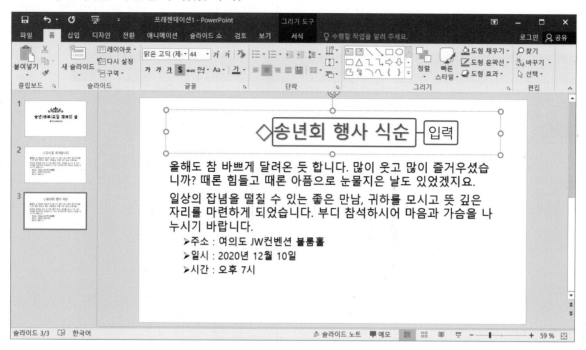

04 내용 텍스트 상자의 텍스트를 모두 드래그하여 블록으로 지정합니다.

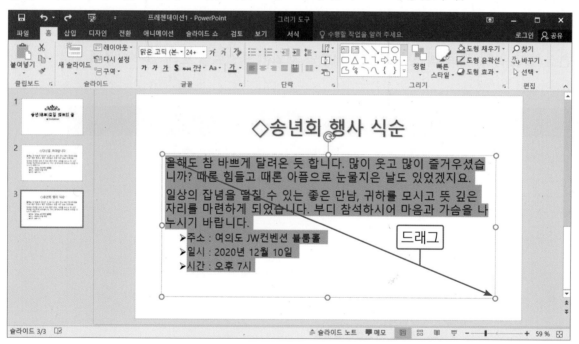

05 블록이 지정된 상태에서 다음처럼 6줄의 내용을 **입력**합니다.

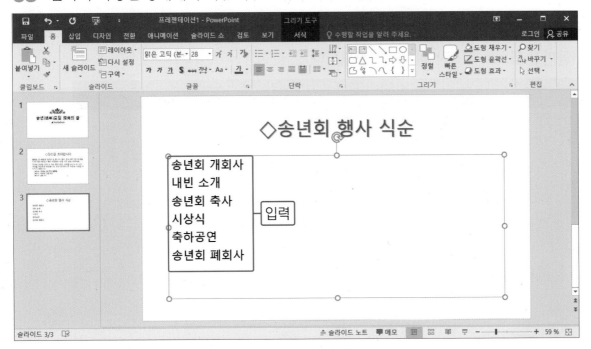

06 모든 단락에 번호를 매기기 위해 **내용 텍스트 상자를 클릭**하여 선택한 후 [홈] 탭-[단락] 그룹에서 [번호 매기기(☰▾)]의 ▾를 클릭하여 [원 숫자]를 선택합니다. 단락에 원 숫자 번호가 매겨진 것을 확인할 수 있습니다.

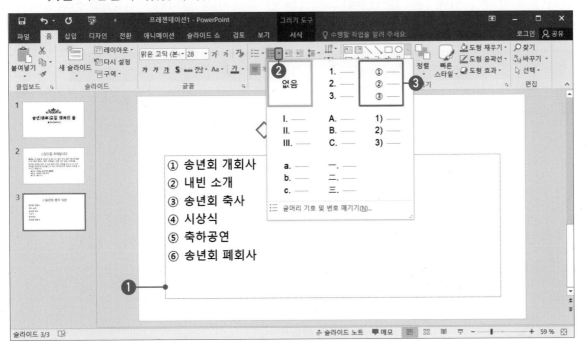

▶ 줄 간격 조정하기

01 내용 텍스트 상자의 왼쪽 조절점을 오른쪽으로 드래그하여 이동합니다. 텍스트 상자의 크기가 줄어들면서 텍스트의 시작 위치도 이동됩니다.

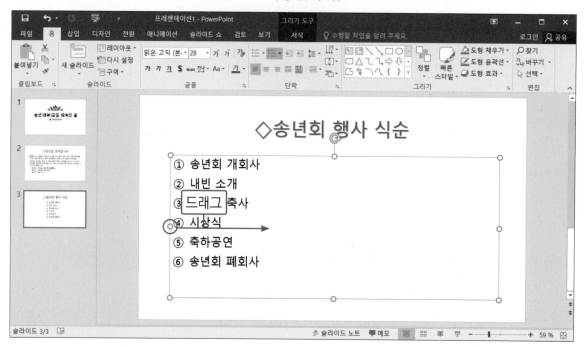

02 줄 간격을 조절하기 위해 [홈] 탭-[단락] 그룹-[줄 간격(≡)]을 클릭한 후 [1.5]를 선택합니다. 줄의 간격이 늘어난 것을 확인할 수 있습니다.

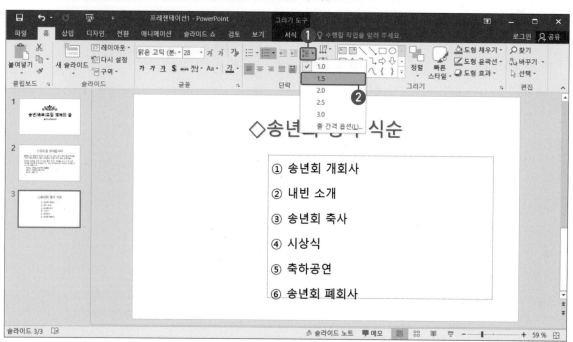

▶ 서식 복사 활용하기

01 서식을 복사하기 위해 **'행'자 뒤를 클릭**하여 커서를 위치시킨 후 [홈] 탭-[클립보드] 그룹-[서식 복사()]를 클릭합니다.

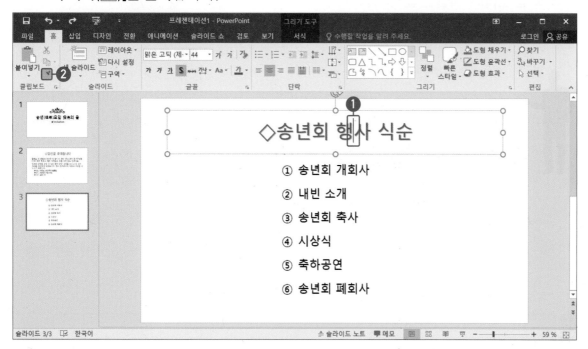

> 💡 **잠깐** 서식을 복사하려는 텍스트의 임의의 곳에 마우스 커서를 위치하거나 텍스트를 드래그해도 됩니다.

02 슬라이드 미리 보기 창에서 **1번 슬라이드를 선택**하여 슬라이드를 이동한 후 '★Invitation'을 드래그합니다. 복사된 서식이 적용된 것을 확인할 수 있습니다.

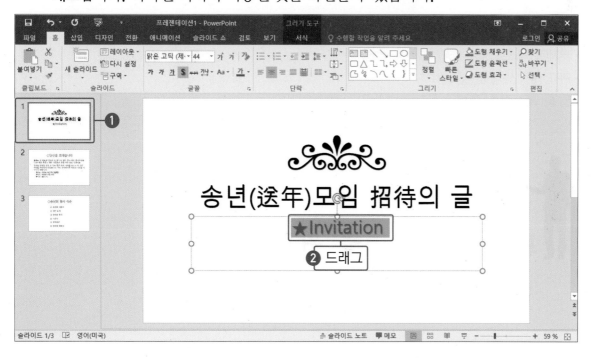

03 빠른 실행 도구 모음의 🖫(저장)을 클릭하여 파일 이름을 '송년회'로 저장합니다.

01 'PPT 초보 탈출.pptx' 파일을 불러와 봅니다.

준비파일 PPT 초보 탈출.pptx

PPT 초보 탈출을 위한 팁

파워포인트(PPT)는 프레젠테이션(Presentation)을 위한 도구

힌트

파일 열기
• **방법 1** : [준비파일] 폴더에 있는 'PPT 초보 탈출.pptx' 파일을 더블 클릭
• **방법 2** : [파일] 탭–[열기]–[찾아보기] 클릭 → [열기] 대화상자에서 파일 찾아 선택한 후 [열기] 버튼 클릭

02 문제 **01**의 파일에서 다음과 같이 1번 슬라이드의 텍스트를 변경해 봅니다.

• 제목 텍스트 상자 : 글꼴 변경(궁서체), 텍스트 그림자 지정
• 부제목 텍스트 상자 : ★, ♬ 기호 삽입
• PPT, ★ : 색상 변경(파랑)
• 탈출, ♬ : '탈출' 부분만 한자로 변경, 색상 변경(빨강)

PPT 초보 脫出을 위한 팁

★파워포인트(PPT)는 프레젠테이션(Presentation)을 위한 도구♬

03 문제 **02**의 파일에서 번호 매기기와 글머리 기호를 이용하여 2번 슬라이드를 다음과 같이 작성해 봅니다.

- 번호 매기기 : '1) 2) 3)' 모양, 글꼴 크기 변경(26pt)
- 글머리 기호 : ☞ 모양, 글꼴 크기 변경(22pt), 굵게, 밑줄, 색상 변경(파랑)

> # 감동 프레젠테이션을 위한 꿀팁!
>
> 1) 충실한 발표를 위해 계획하고 정보와 자료 수집
> 2) 발표를 효과적으로 도울 수 있는 PPT 자료 작성
>   ☞ <u>**요약형으로**</u>
>   ☞ <u>**보기 좋게**</u>
>   ☞ <u>**이해하기 쉽게**</u>
> 3) 효과적으로 발표할 수 있도록 미리 연습
> 4) 청중에게 깊은 인상을 줄 수 있는 프레젠테이션 실시

> ☞ 모양 글머리 기호 지정하기
> 3번째 줄부터 5번째 줄까지 드래그 → [홈] 탭–[단락] 그룹–[목록 수준 늘림] 클릭 → [홈] 탭–[단락] 그룹–[글머리 기호]의 [글머리 기호 및 번호 매기기] 선택 → [글머리 기호 및 번호 매기기] 대화상자에서 [사용자 지정] 버튼 클릭 → [기호] 대화상자에서 [글꼴]은 '(현재 글꼴)', [하위 집합]은 '기타 기호'로 설정한 후 기호 선택

04 문제 **03**의 파일에서 2번 슬라이드를 복제하여 3번 슬라이드를 생성하고, 다음과 같이 내용만 변경한 후 저장해 봅니다.

> # 감동 프레젠테이션을 위한 꿀팁!
>
> 1) 준비 단계에서의 3P 분석이 중요
> 2) 3P란?
>   ☞ <u>**목적(Purpose)**</u>
>   ☞ <u>**피플(People)**</u>
>   ☞ <u>**장소(Place)**</u>
> 3) 목적이 분명해야 하며, 청중의 수, 연령대, 수준이나 관심 정도를 파악해야 하며, 좌석의 배치 등 현장 확인을 미리 해야 한다.

04 포스터 만들기

- 워드아트 삽입
- 일반 텍스트를 워드아트로 만들기
- 워드아트 변형

- 워드아트 서식 지우기
- 개체 정렬 : 맨 뒤로 보내기

미/리/보/기

📁 준비파일 : 봄.jpg, 여름.jpg, 가을.jpg, 겨울.jpg,
📁 완성파일 : 사계절(완성).pptx

워드아트는 텍스트를 특별히 강조하거나 표지와 같은 부분에서 제목을 돋보이게 하려 할 때 주로 사용합니다. 이번 장에서는 워드아트를 생성하는 방법과 변경하는 방법에 대해 알아봅니다.

워드아트 관련 기능 알아보기

▶ 워드아트 삽입

- [삽입] 탭-[텍스트] 그룹-[WordArt]를 클릭하여 WordArt 스타일 갤러리에서 원하는 스타일을 선택합니다. 스타일이 적용된 워드아트 텍스트 상자가 나타나면 내용을 입력해 워드아트를 생성합니다.

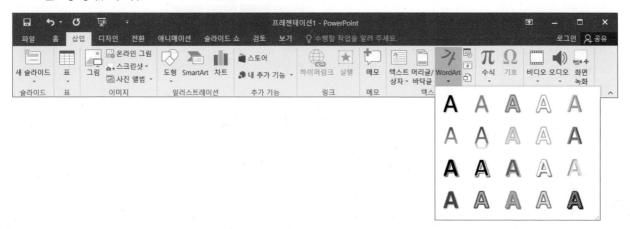

- 일반 텍스트를 선택한 후 [그리기 도구]-[서식] 탭-[WordArt 스타일] 그룹에서 기본적으로 제공하는 WordArt 스타일 갤러리를 활용하거나 사용자가 직접 채우기, 윤곽선, 효과 등을 설정하여 워드아트로 만들 수도 있습니다.

▶ [WordArt 스타일] 그룹 살펴보기

❶ **빠른 스타일** : 미리 준비된 WordArt 스타일 갤러리에서 워드아트 스타일을 선택할 수 있습니다. ▾(자세히)를 클릭하면 다양한 워드아트 스타일을 확인할 수 있습니다. 하단의 [WordArt 서식 지우기]를 선택하면 적용된 서식을 제거할 수 있습니다.

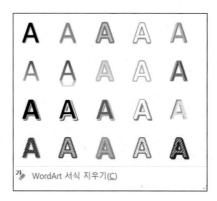

② **텍스트 채우기** : 텍스트 안에 색상, 그림, 그라데이션, 질감 등을 적용할 수 있습니다.

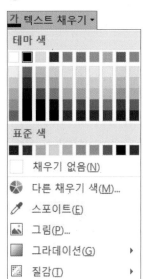

▲ [텍스트 채우기]–[그라데이션]

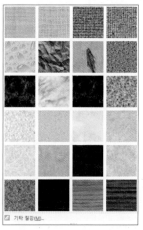

▲ [텍스트 채우기]–[질감]

③ **텍스트 윤곽선** : 텍스트 윤곽선의 색, 두께, 대시와 같은 효과를 적용할 수 있습니다.

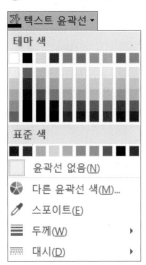

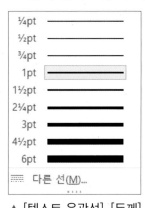

▲ [텍스트 윤곽선]–[두께]

▲ [텍스트 윤곽선]–[대시]

④ **텍스트 효과** : 텍스트에 그림자, 반사, 네온 등 특별한 효과를 적용할 수 있습니다.

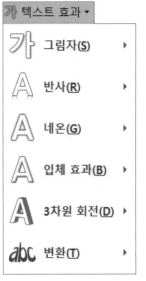

▲ [텍스트 효과]–[그림자]

▲ [텍스트 효과]
　–[반사]

▲ [텍스트 효과]–[네온]

사계절 포스터 만들기

▶ **안내선 만들기**

01 **파워포인트**를 실행한 후 **[새 프레젠테이션]**을 클릭합니다. 제목 슬라이드가 나타나면 빈 화면으로 변경하기 위해 **[홈]** 탭-**[슬라이드]** 그룹-**[레이아웃]**을 클릭한 후 **[빈 화면]**을 선택합니다.

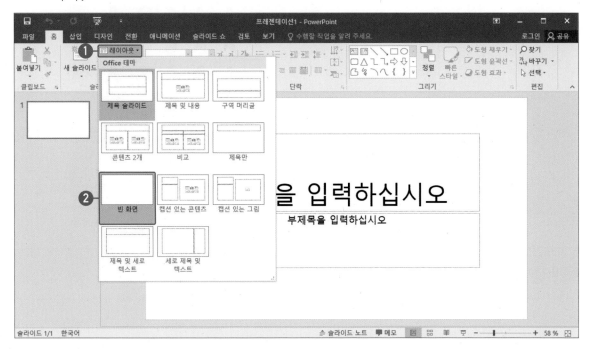

02 4등분된 안내선을 꺼내기 위해 **[보기]** 탭-**[표시]** 그룹-**[안내선]**을 클릭하여 체크합니다.

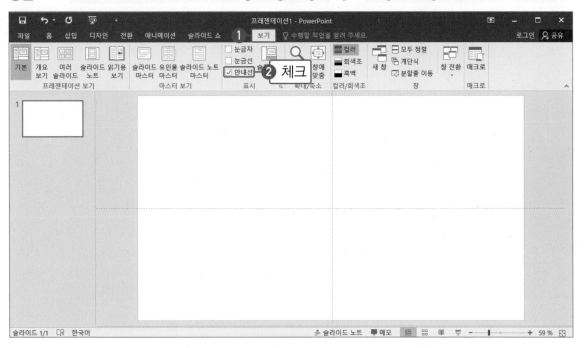

▶ 워드아트 삽입하기

01 [삽입] 탭–[텍스트] 그룹–[WordArt]를 클릭한 후 [그라데이션 채우기 – 황금색, 강조 4, 윤곽선 – 강조 4]를 선택합니다.

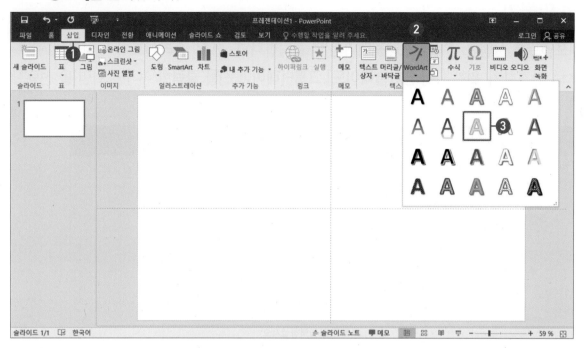

 같은 버전이어도 업데이트 유무에 따라 이름이 다르게 표시될 수 있습니다.

02 '필요한 내용을 적으십시오.'라고 입력되어 있는 워드아트가 삽입됩니다.

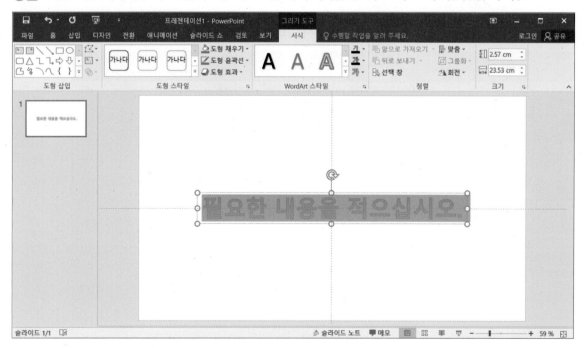

03 'SPRING'이라고 입력한 후 테두리를 클릭하여 워드아트를 선택한 상태에서 [홈] 탭-[글꼴] 그룹의 [글꼴 크기]를 '100'으로 설정합니다. 워드아트를 드래그하여 왼쪽 위로 이동합니다.

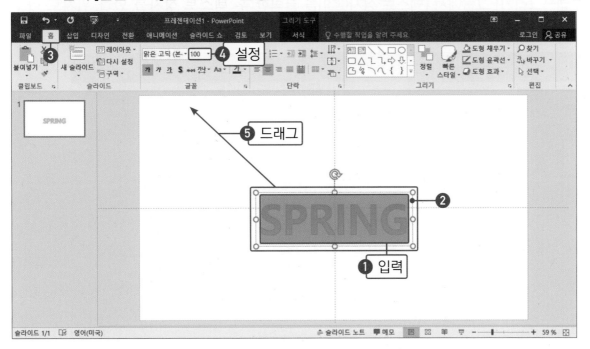

04 워드아트의 위치가 이동된 것을 확인할 수 있습니다.

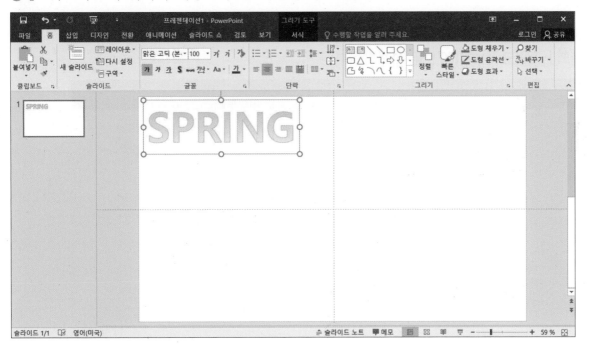

▶ 일반 텍스트를 워드아트로 만들기

01 [홈] 탭-[그리기] 그룹에서 [텍스트 상자(🔲)]를 클릭한 후 텍스트 상자를 만들 위치로 마우스 포인터를 이동하여 **클릭**합니다.

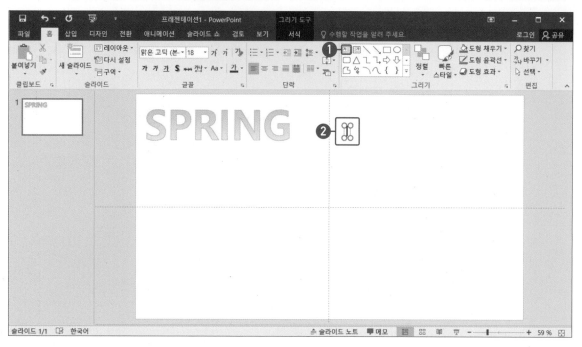

02 'Summer'라고 입력한 후 테두리를 클릭하여 텍스트 상자를 선택한 상태에서 [홈] 탭-[글꼴] 그룹의 [글꼴 크기]를 '100'으로 설정합니다.

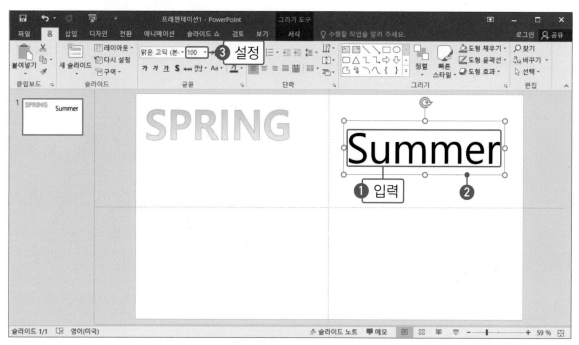

03 워드아트 스타일을 적용하기 위해 [서식] 탭-[WordArt 스타일] 그룹에서 ▼(자세히)를 클릭하고 [채우기 – 흰색, 윤곽선 – 강조 1, 네온 – 강조 1]을 선택합니다.

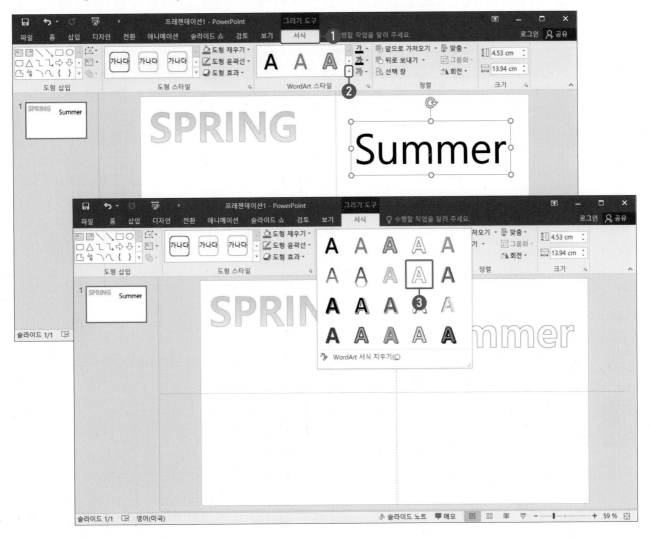

04 워드아트 스타일이 적용된 것을 확인할 수 있습니다.

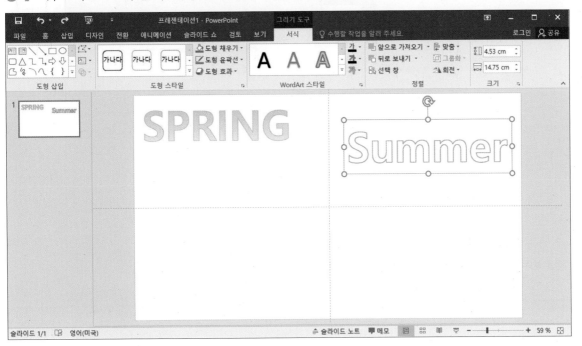

▶ 워드아트 변형하기

01 복제를 하기 위해 워드아트가 선택되어 있는 상태에서 Ctrl + D 키를 누릅니다. 복제된 워드아트를 드래그하여 왼쪽 아래로 이동합니다.

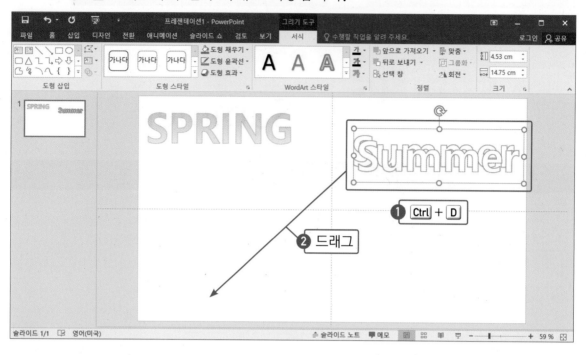

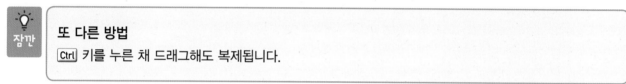

또 다른 방법
Ctrl 키를 누른 채 드래그해도 복제됩니다.

02 왼쪽 아래로 이동된 워드아트의 'Summer'를 드래그하여 블록으로 지정한 후 'Fall'로 수정합니다. 테두리를 클릭하여 워드아트를 선택합니다.

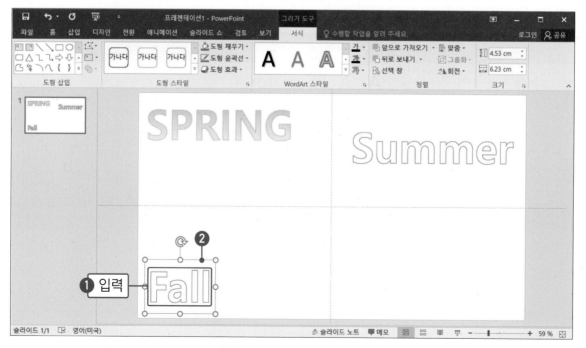

03 워드아트에 적용된 색상을 변경하기 위해 [서식] 탭-[WordArt 스타일] 그룹에서 [텍스트 채우기(가▾)]의 ▾를 클릭하고 [황금색, 강조 4]를 선택합니다.

04 워드아트에 텍스트 효과를 적용하기 위해 [서식] 탭-[WordArt 스타일] 그룹-[텍스트 효과(가▾)]를 클릭하고 [그림자]-[원근감 대각선 왼쪽 위]를 선택합니다.

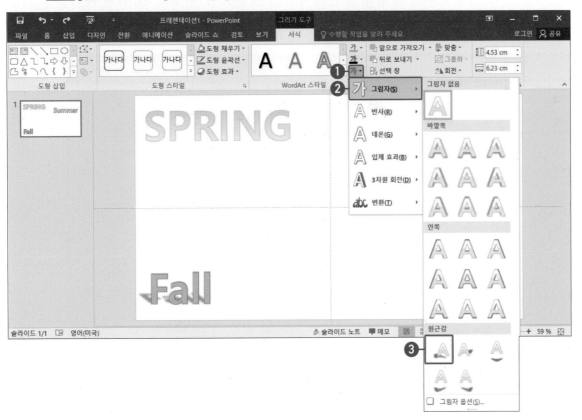

▶ 워드아트 서식 지우기

01 워드아트가 선택되어 있는 상태에서 Ctrl + D 키를 누른 후 **복제된 워드아트를 드래그**하여 오른쪽으로 이동합니다.

02 오른쪽으로 이동한 워드아트의 'Fall'을 드래그하여 블록으로 지정한 후 'WINTER'로 수정합니다.

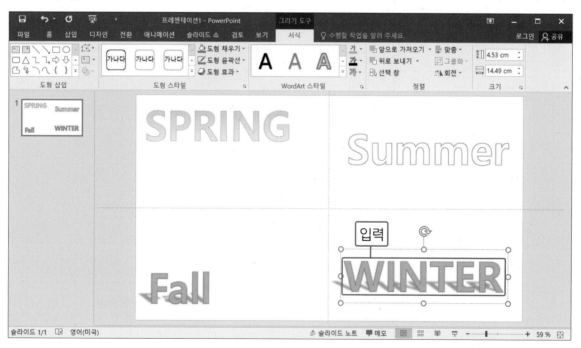

03 테두리를 클릭하여 워드아트를 선택한 상태에서 워드아트를 일반 텍스트로 만들기 위해
[서식] 탭-[WordArt 스타일] 그룹에서 ⏷(자세히)를 클릭하고 [WordArt 서식 지우기]를 선택
합니다.

04 워드아트 서식이 지워지고 텍스트에 검은색만 적용된 것을 확인할 수 있습니다.

▶ 워드아트 서식 복사 및 효과 변경하기

01 'Summer'를 선택한 후 [홈] 탭-[클립보드] 그룹-[서식 복사(📋)]를 클릭합니다.

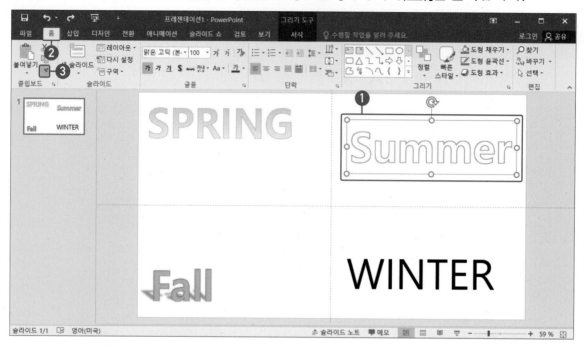

02 'WINTER'를 클릭하면 'Summer'의 서식이 적용됩니다.

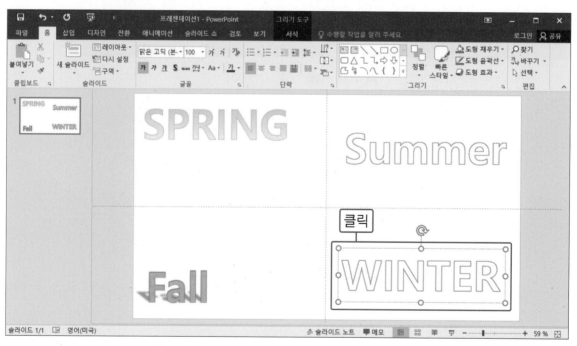

03 텍스트 효과를 적용하기 위해 [서식] 탭-[WordArt 스타일] 그룹-[텍스트 효과(가)]를 클릭하고 [반사]-[1/2 반사, 터치]를 선택합니다.

04 반사 텍스트 효과가 적용된 것을 확인할 수 있습니다.

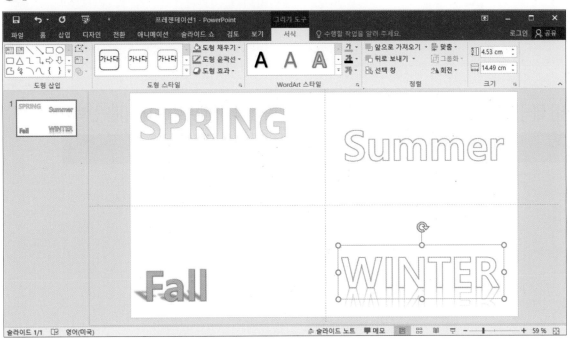

▶ 그림 삽입하여 배경 만들기

01 [삽입] 탭-[이미지] 그룹-[그림]을 클릭합니다. [그림 삽입] 대화상자가 나타나면 '봄.jpg' 파일을 선택한 후 [삽입] 버튼을 클릭합니다.

02 삽입된 그림을 왼쪽 위로 드래그하여 다음과 같이 안내선에 맞게 이동한 후 **조절점**을 드래그하여 슬라이드 모서리에 크기를 맞춥니다.

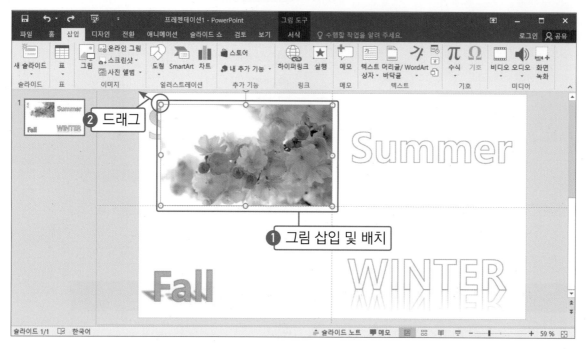

03 [서식] 탭-[정렬] 그룹에서 [뒤로 보내기]의 ▾를 클릭한 후 [맨 뒤로 보내기]를 선택합니다.

04 그림이 워드아트 뒤로 이동한 것을 확인할 수 있습니다.

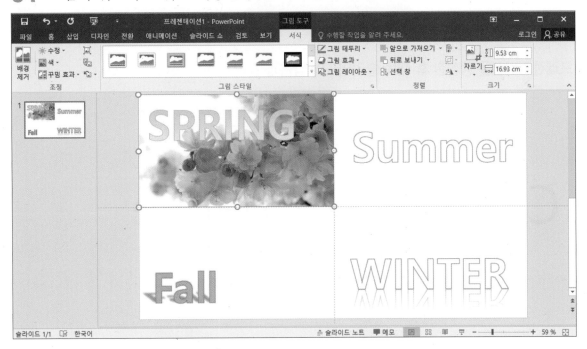

05 같은 방법으로 '여름.jpg', '가을.jpg', '겨울.jpg' 파일을 삽입한 후 각각의 워드아트 뒤로 보내 기합니다. [보기] 탭-[표시] 그룹-[안내선]을 클릭하여 체크를 해제합니다.

06 빠른 실행 도구 모음의 ◼(저장)을 클릭하여 파일 이름을 '사계절'로 저장합니다.

01 새 프레젠테이션을 생성한 후 제목 슬라이드에 다음과 같이 입력해 봅니다.

글꼴 : 맑은 고딕, 글꼴 크기 : 100

Change & Chance
변화하는 자만이 누릴 수 있는 기회!

글꼴 : 맑은 고딕, 글꼴 크기 : 44

02 문제 **01**의 파일에 다음과 같이 그림을 삽입하고 워드아트 스타일과 텍스트 효과를 적용한 후 '변화.pptx'로 저장해 봅니다.

준비파일 빌딩배경.jpg

[WordArt 스타일]-[채우기 – 파랑, 강조 1, 윤곽선 – 배경 1, 진한 그림자 – 강조 1]

[WordArt 스타일]-[채우기 – 흰색, 윤곽선 – 강조 2, 진한 그림자 – 강조2]

- [WordArt 스타일]-[채우기 – 흰색, 윤곽선 – 강조 1, 그림자 1]
- [텍스트 효과]-[반사]-[전체 반사, 터치]

03 '타이포그래피.pptx'를 불러와 봅니다.

준비파일 타이포그래피.pptx

04 문제 **03**의 파일에 다음과 같이 그림을 삽입한 후 워드아트 스타일과 텍스트 효과를 적용해 봅니다.

준비파일 타이포배경.jpg

[WordArt 스타일]-[그라데이션 채우기 - 황금색, 강조 4, 윤곽선, - 강조 4]

[WordArt 스타일]-[채우기 - 주황, 강조 2, 윤곽선 - 강조 2]

[WordArt 스타일]-[채우기 - 회색 -25%, 배경 2, 안쪽 그림자]

- [WordArt 스타일]-[채우기 - 흰색, 윤곽선 - 강조 1, 네온 - 강조 1]
- [텍스트 효과]-[반사]-[전체 반사, 터치]

05 설명 자료 만들기

- 서식 파일
- 테마 갤러리
- 테마 색
- 테마 글꼴
- 배경 스타일
- 배경 서식
- 배경 지우기

미/리/보/기

📁 완성파일 : 자연밥상(완성).pptx, 마인드 맵핑(완성).pptx, 감성 마케팅(완성).pptx,

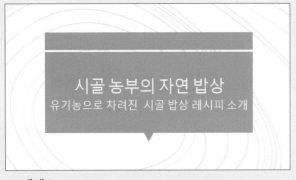

▲ 예제 1

▲ 예제 2

▲ 예제 3

이번 장에서는 서식 파일과 테마 디자인을 활용하여 멋진 프레젠테이션용 자료를 간단하게 만들어 보겠습니다.

▶ 테마와 서식 파일

'테마'는 색, 글꼴, 효과 등을 미리 만들어 놓은 서식으로, 슬라이드의 전체 디자인을 제공하여 프레젠테이션에 통일된 느낌을 줍니다. '서식 파일'은 특정 목적에 맞는 콘텐츠를 포함한 테마로, 사용자가 간편하게 내용을 입력하여 사용할 수 있습니다.

▶ [디자인] 탭의 테마 관련 기능 살펴보기

❶ [테마] 그룹 : 테마를 선택하면 슬라이드에 적용됩니다.

ⓐ 현재 슬라이드에 적용된 테마를 보여 줍니다.

ⓑ 이곳을 클릭하면 Office 테마의 기본 값으로 변경됩니다.

ⓒ 파워포인트에서 제공하고 있는 테마 갤러리입니다.

ⓓ ▼(자세히)를 클릭하면 더욱 다양한 테마를 확인할 수 있습니다.

❷ [적용] 그룹

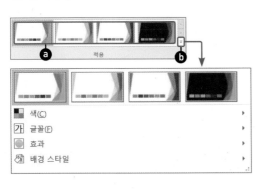

ⓐ 선택한 테마의 다른 색상 또는 질감 등 디자인 모양을 선택할 수 있습니다.

ⓑ ▼(자세히)를 클릭하면 색, 글꼴, 효과, 배경 스타일을 사용자 지정할 수도 있습니다.

▶ 테마 글꼴

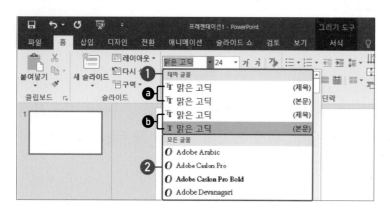

① **테마 글꼴** : 파워포인트에서 기본적으로 제공하는 글꼴을 설정해 놓은 것으로, 테마 디자인의 서식에 따라 자동으로 변경됩니다. [디자인] 탭-[적용] 그룹의 ▼(자세히)를 클릭하여 [글꼴]에서 선택하거나 [글꼴 사용자 지정]에서 변경할 수 있습니다.

  ⓐ **테마 영문 글꼴** : 테마 글꼴에서 설정되어 있는 제목과 본문의 영문 글꼴입니다.

  ⓑ **테마 국문 글꼴** : 테마 글꼴에서 설정되어 있는 제목과 본문의 국문 글꼴입니다.

② **모든 글꼴** : 모든 글꼴을 사용하면 테마 글꼴이나 테마 디자인을 변경해도 변경되지 않습니다.

▶ 테마 색

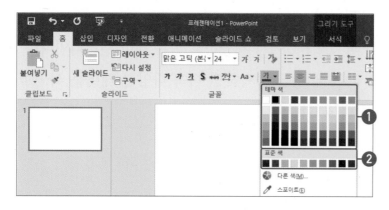

① **테마 색** : 테마 색은 파워포인트에서 기본적으로 제공되는 색으로, 맨 위의 10개 색입니다. 그 아래에 있는 색들은 밝기를 조정한 색입니다. 테마 디자인을 사용하는 경우 자동으로 변경됩니다. [디자인] 탭-[적용] 그룹의 ▼(자세히)를 클릭하여 [색]에서 선택하거나 [색 사용자 지정]에서 변경할 수 있습니다.

② **표준 색** : 표준 색을 사용하면 테마 디자인을 변경해도 변경되지 않기 때문에 색상을 변경되지 않게 하려면 표준 색을 사용합니다.

▶ 서식 파일 선택하기

01 파워포인트를 실행한 후 서식 파일 목록 중에서 **[아틀라스]**를 클릭합니다.

 파워포인트가 이미 실행 중인 상태에서는 [파일] 탭-[새로 만들기]를 선택하면 서식 파일 목록이 나타납니다.

02 **[아틀라스]**의 테마가 열리면 **파란색을 선택**한 후 **[만들기]** 버튼을 클릭합니다.

03 다음과 같은 서식 파일이 열립니다.

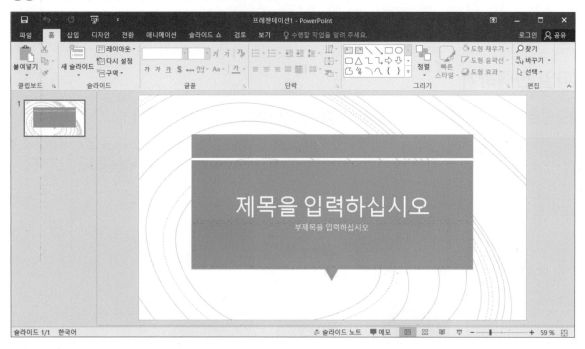

▶ 슬라이드에 내용 입력하기

01 제목 슬라이드의 **제목 텍스트 상자와 부제목 텍스트 상자**에 각각 다음과 같이 **입력**한 후 **부제목 텍스트 상자를 선택**하고 [홈] 탭-[글꼴] 그룹에서 [글꼴 크기]를 '36'으로 설정합니다.

02 슬라이드 미리 보기 창에서 Enter 키를 눌러 슬라이드를 생성합니다.

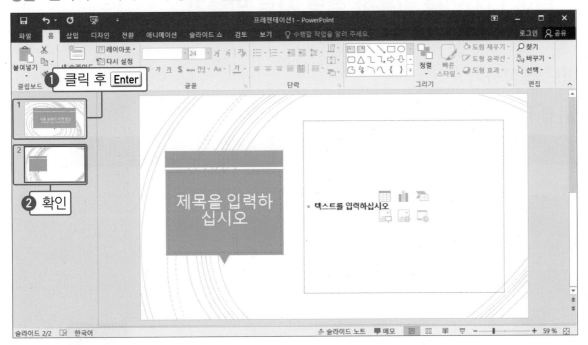

03 2번 슬라이드의 **제목 텍스트 상자와 내용 텍스트 상자**에 다음과 같이 **입력**한 후 내용 텍스트 상자를 선택하고 [홈] 탭-[글꼴] 그룹에서 [글꼴 크기]를 '36'으로 설정합니다.

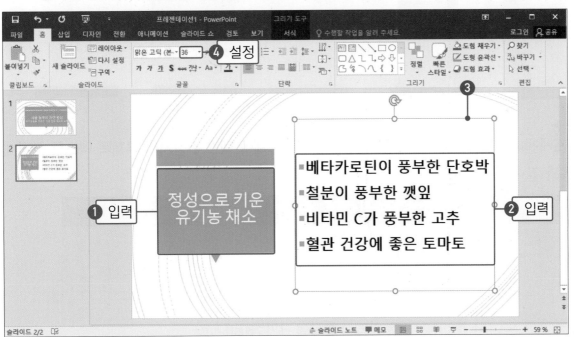

04 빠른 실행 도구 모음의 📙(저장)을 클릭하여 파일 이름을 '자연밥상'으로 저장합니다.

테마 디자인을 활용한 설명 자료 만들기

▶ 슬라이드 작성하기

01 [파일] 탭-[새로 만들기]-[새 프레젠테이션]을 클릭합니다.

02 새 프레젠테이션 창이 나타나면 **제목 슬라이드의 제목 텍스트 상자와 부제목 텍스트 상자**에 다음과 같이 **입력**합니다.

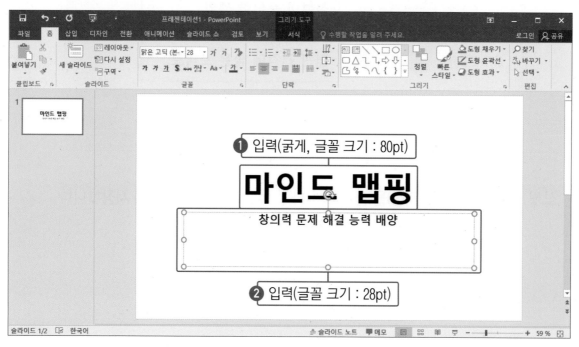

03 슬라이드 미리 보기 창에서 Enter 키를 눌러 2번 슬라이드를 생성한 후 **제목 텍스트 상자**와 **내용 텍스트 상자**에 다음과 같이 **입력**합니다.

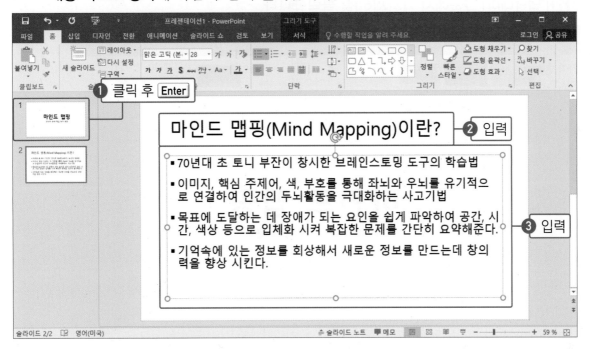

04 같은 방법으로 **슬라이드를 추가**한 후 다음과 같이 **텍스트를 입력**합니다.

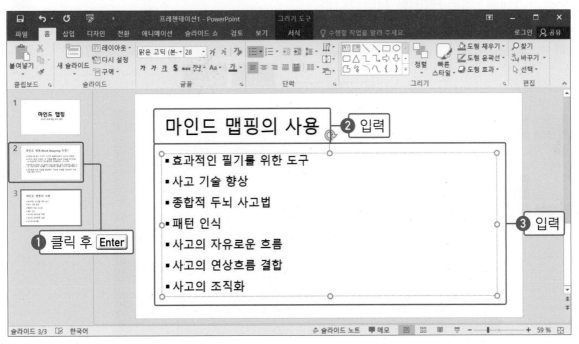

05 빠른 실행 도구 모음의 ▣(저장)을 클릭하여 파일 이름을 '**마인드 맵핑**'으로 저장합니다.

▶ 테마 선택하기

01 [디자인] 탭-[테마] 그룹에서 ⬇(자세히)를 클릭합니다.

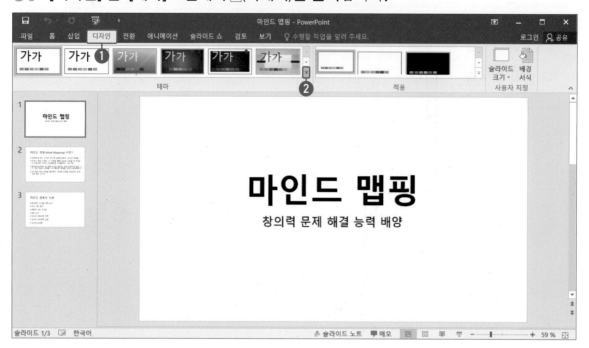

02 테마 갤러리에서 [매듭 테마]를 선택합니다.

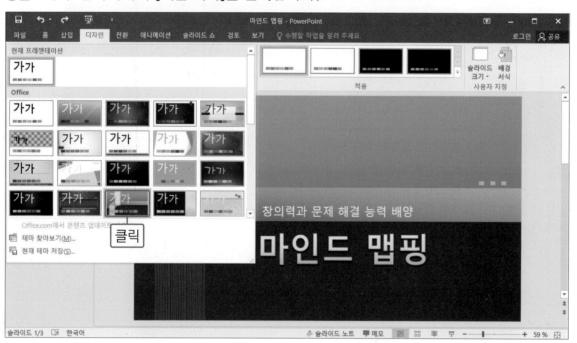

90

▶ 테마 색 변경하기

01 [디자인] 탭-[적용] 그룹의 ⏷(자세히)를 클릭한 후 [색]-[따뜻한 파란색]을 선택합니다.

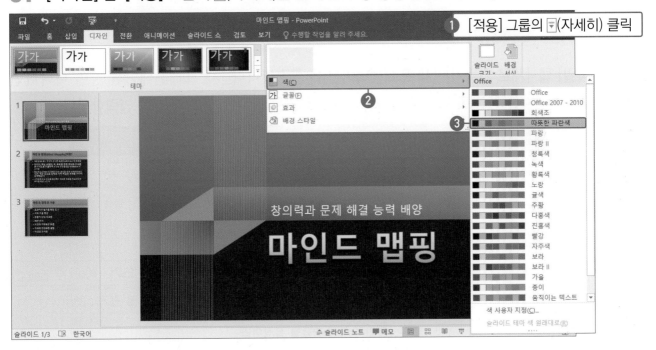

02 선택한 색으로 전체가 적용된 것을 확인할 수 있습니다.

03 빠른 실행 도구 모음의 🖫(저장)을 클릭하여 저장합니다.

배경 스타일과 서식을 활용한 설명 자료 만들기

▶ 슬라이드 작성하기

01 [파일] 탭-[새로 만들기]-[새 프레젠테이션]을 클릭합니다. 새 프레젠테이션 창이 나타나면 제목 슬라이드의 **제목 텍스트 상자**와 **부제목 텍스트 상자**에 다음과 같이 **입력**합니다.

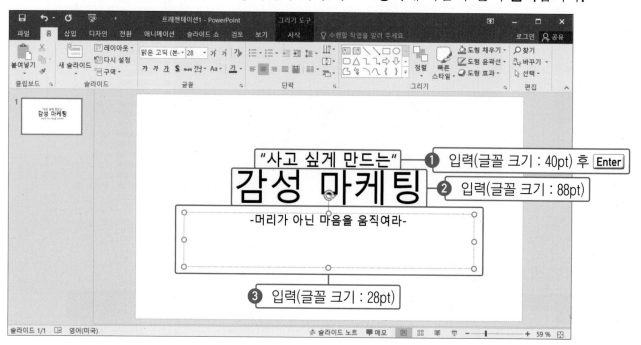

02 슬라이드 미리 보기 창에서 [Enter] 키를 눌러 2번 슬라이드를 생성한 후 **제목 텍스트 상자**와 **내용 텍스트 상자**에 다음과 같이 **입력**합니다.

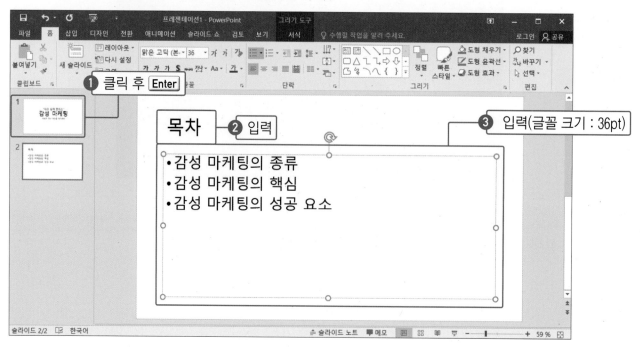

03 같은 방법으로 **슬라이드를 추가**한 후 다음과 같이 **텍스트를 입력**합니다.

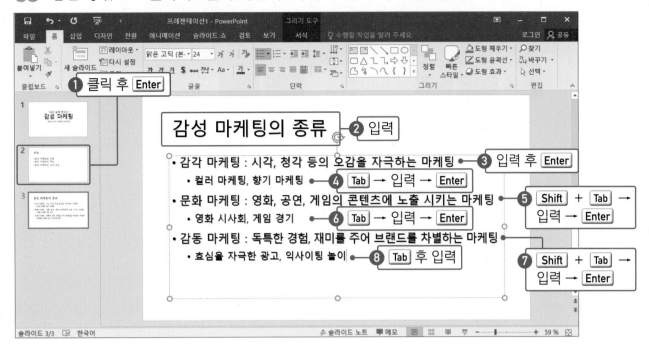

04 빠른 실행 도구 모음의 📳(저장)을 클릭하여 파일 이름을 '감성 마케팅'으로 저장합니다.

▶ 테마 배경 스타일 적용하기

01 배경을 적용하기 위하여 [디자인] 탭-[적용] 그룹의 ⬇(자세히)를 클릭한 후 [배경 스타일]-
[스타일 9]를 선택합니다.

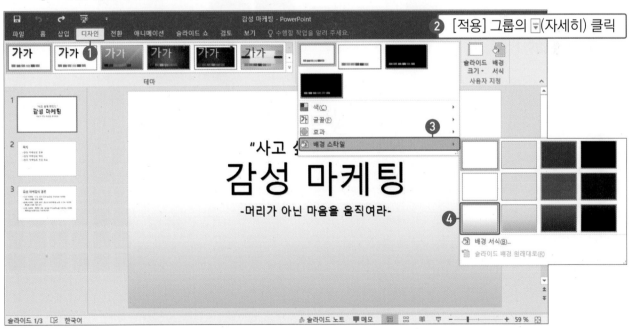

02 선택한 배경 스타일이 모든 슬라이드의 배경에 적용된 것을 확인할 수 있습니다. 슬라이드의 배경 서식을 변경하기 위해 [디자인] 탭-[사용자 지정] 그룹-[배경 서식]을 클릭합니다.

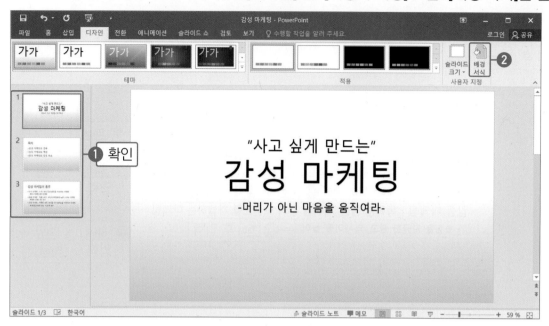

03 배경 서식 창이 나타나면 [채우기]의 [그라데이션 채우기]를 선택합니다. (그라데이션 미리 설정)을 클릭한 후 [밝은 그라데이션 - 강조 1]을 선택합니다. 슬라이드 미리 보기 창을 살펴보면 선택되어 있는 1번 슬라이드만 변경된 것을 확인할 수 있습니다.

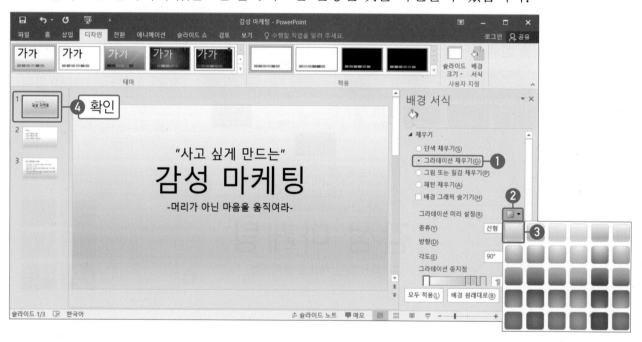

04 [모두 적용] 버튼을 클릭합니다. 슬라이드 미리 보기 창을 살펴보면 2번 슬라이드와 3번 슬라이드도 변경된 것을 확인할 수 있습니다.

05 [종류]의 ▼를 클릭한 후 '제목 음영'을 선택해 1번 슬라이드의 그라데이션 종류(현재 '선형' 설정)만 변경합니다.

▶ 테마 글꼴 변경하기

01 제목 텍스트 상자를 선택한 후 [홈] 탭–[글꼴] 그룹에서 [글꼴]의 ▼를 클릭하여 [테마 글꼴]의 '맑은 고딕(제목)'인 것을 확인합니다.

 [테마 글꼴]의 글꼴을 사용한 경우만 수정한 테마 글꼴로 변경됩니다. 만약 [모든 글꼴]에서 글꼴을 변경하여 사용한 경우 테마 글꼴을 변경하더라도 변경되지 않습니다.

02 테마 글꼴을 변경하기 위해 [디자인] 탭–[적용] 그룹의 ▼(자세히)를 클릭한 후 [글꼴]에서 을 선택합니다.

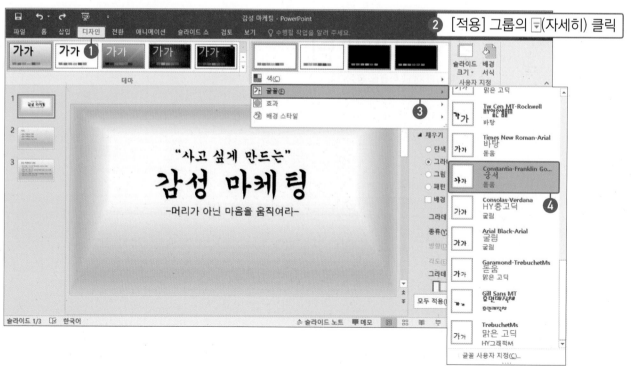

96

▶ 테마 디자인 해제하기

01 [디자인] 탭-[테마] 그룹에서 [Office 테마]를 클릭하여 기존의 테마 배경과 글꼴을 해제합니다.

02 배경 서식 창에서 [배경 원래대로] 버튼을 클릭하여 변경한 그라데이션도 제거합니다.

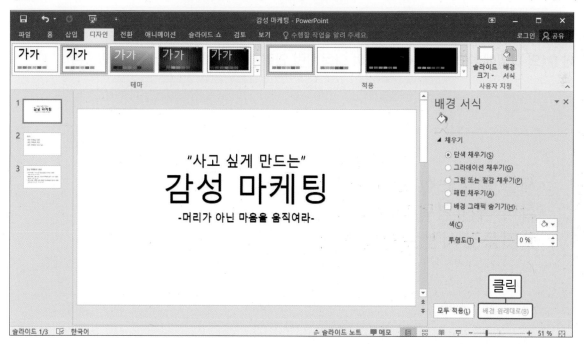

03 빠른 실행 도구 모음의 ↩(취소)를 두 번 클릭하여 두 단계 이전으로 되돌아갑니다.

04 빠른 실행 도구 모음의 🖫(저장)을 클릭하여 저장합니다.

01 서식 파일 목록 중에서 '비누'를 선택한 후 다음처럼 제목과 부제목을 입력해 봅니다.

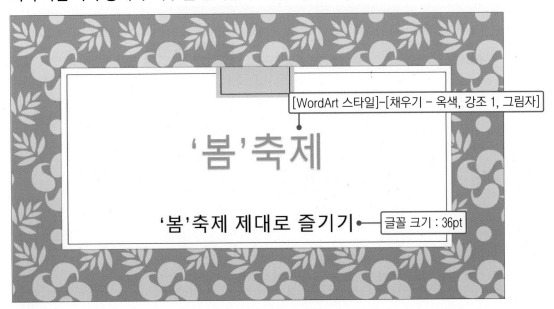

[WordArt 스타일]-[채우기 – 옥색, 강조 1, 그림자]

'봄'축제

'봄'축제 제대로 즐기기 ● 글꼴 크기 : 36pt

힌트 파워포인트를 새로 시작하거나 [파일] 탭-[새로 만들기]를 클릭한 후 서식 파일을 선택합니다.

02 문제 **01**의 파일에 슬라이드를 추가하여 다음처럼 입력한 후 '봄축제.pptx'로 저장해 봅니다.

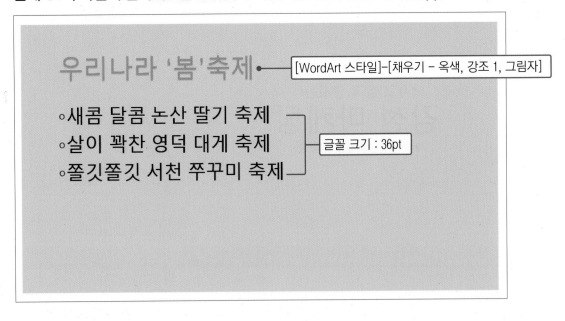

우리나라 '봄'축제 ● [WordArt 스타일]-[채우기 – 옥색, 강조 1, 그림자]

○새콤 달콤 논산 딸기 축제
○살이 꽉찬 영덕 대게 축제
○쫄깃쫄깃 서천 쭈꾸미 축제

글꼴 크기 : 36pt

03 '야시장.pptx' 파일을 불러온 후 '주요 이벤트' 테마를 적용해 봅니다.

준비파일 야시장.pptx

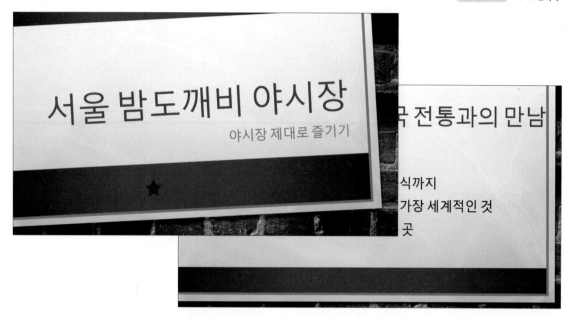

힌트

파일 열기
- **방법 1** : [준비파일] 폴더에 있는 '야시장.pptx' 파일을 더블 클릭
- **방법 2** : [파일] 탭–[열기]–[찾아보기] 클릭 → [열기] 대화상자에서 파일 찾아 선택한 후 [열기] 버튼 클릭

04 문제 **03**의 파일에서 슬라이드 전체 테마 색상을 변경한 후, 제목을 다음과 같은 워드아트 스타일로 적용하고 저장해 봅니다.

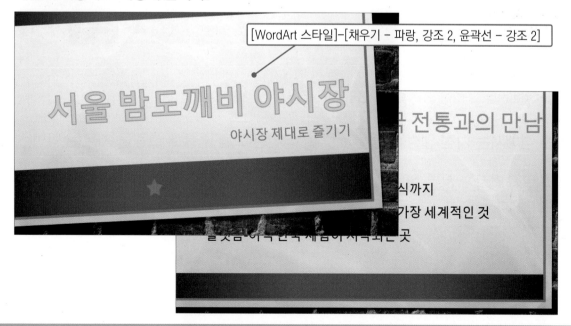

[WordArt 스타일]–[채우기 – 파랑, 강조 2, 윤곽선 – 강조 2]

06 앨범 만들기

- 사진 앨범 만들기
- 그림 배경 투명하게 만들기
- 그림 자르기
- 그림 스타일
- 그림 꾸밈 효과
- 서식 복사 : 연속 사용

준비파일 : 여행.jpg, 여행맵.jpg, 그라나다1.jpg, 그라나다2.jpg, 바실리성당1.jpg, 바실리성당2.jpg, 산토리니1.jpg, 산토리니2.jpg

완성파일 : 세계여행(완성).pptx

미 / 리 / 보 / 기

▲ 1번 슬라이드

▲ 2번 슬라이드

▲ 3번 슬라이드

▲ 4번 슬라이드

이번 장에서는 사진 앨범을 만들어 보고, 삽입된 그림을 통해 그림을 자르는 방법, 그림의 배경을 투명하게 하는 방법, 그림 스타일을 주는 방법 등 그림과 관련된 기능을 알아보겠습니다.

▶ 그림 삽입

[삽입] 탭–[이미지] 그룹에서 그림을 여러 가지 방법으로 삽입할 수 있습니다.

❶ 그림 : 컴퓨터에 미리 마련된 그림을 삽입하여 사용합니다.

❷ 온라인 그림 : 인터넷이 연결되어 있을 경우 사용하며, 검색어를 입력하여 검색된 그림을 삽입하여 사용합니다.

❸ 스크린샷 : 현재 열려진 창을 캡처해 슬라이드에 삽입합니다.

❹ 사진 앨범 : [사진 앨범] 대화상자에서 [파일/디스크] 버튼을 클릭하여 여러 사진을 선택한 후 그림 레이아웃을 설정하면 앨범 형식의 새 프레젠테이션이 생성됩니다.

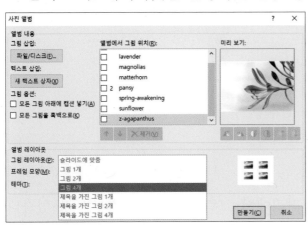

▲ [사진 앨범] 대화상자   ▲ 생성된 사진 앨범

 잠깐

도형에 그림 삽입하기
도형을 선택하고 [홈] 탭–[그리기] 그룹–[도형 채우기]–[그림]을 선택하면 도형 안에 그림을 가지고 올 수 있습니다.

▶ [그림 도구]–[서식] 탭 살펴보기

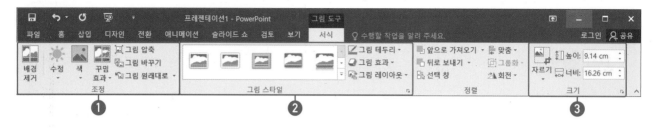

❶ [조정] 그룹

- **배경 제거** : 그림의 특정 부분을 제거하여 보이지 않게 합니다.
- **수정** : 그림의 선명도, 밝기/대비를 조절합니다.
- **색** : 그림의 채도, 색조, 톤, 기타 변형, 투명한 색 등을 설정합니다.
- **꾸밈 효과** : 그림에 회화적인 꾸밈 효과를 적용합니다.

▲ [조정] 그룹–[꾸밈 효과]

▲ [조정] 그룹–[수정]　　　　▲ [조정] 그룹–[색]

- **그림 압축** : 선택한 그림을 압축합니다.
- **그림 바꾸기** : 선택한 그림을 다른 그림으로 변경할 수 있습니다.
- **그림 원래대로** : 그림에 적용된 효과를 제거합니다.

❷ [그림 스타일] 그룹

- **빠른 스타일** : 미리 준비된 그림 스타일 갤러리에서 그림 스타일을 선택할 수 있습니다. ▽(자세히)를 클릭하면 다양한 그림 스타일을 확인할 수 있습니다.

- **그림 테두리** : 그림 테두리의 색, 두께, 대시 스타일을 적용합니다.
- **그림 효과** : 그림자, 반사, 네온 등의 효과를 적용합니다.
- **그림 레이아웃** : 여러 개의 그림을 선택하고 명령을 실행하면 그림이 포함된 SmartArt로 변경할 수 있습니다.

❸ [크기] 그룹

• 자르기 : 그림에서 필요 없는 부분을 잘라냅니다. 자르기를 클릭하여 나타나는 메뉴에서 [도형에 맞춰 자르기]를 이용하면 사각형뿐만 아니라 다양한 모양의 도형으로 잘라낼 수 있습니다.

▲ 자르기 하위 메뉴

• 높이 / 너비 : 그림의 높이와 너비를 지정합니다.

 나만의 여행 앨범 만들기

▶ 사진 앨범 만들기

01 파워포인트를 실행한 후 [새 프레젠테이션]을 클릭합니다. [삽입] 탭-[이미지] 그룹에서 [사진 앨범]의 아이콘(📷)을 클릭합니다.

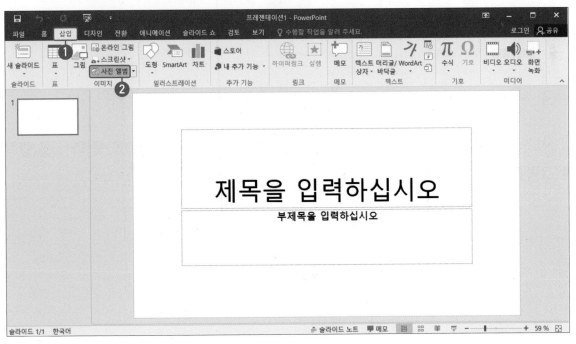

02 [사진 앨범] 대화상자가 나타나면 [파일/디스크] 버튼을 클릭합니다.

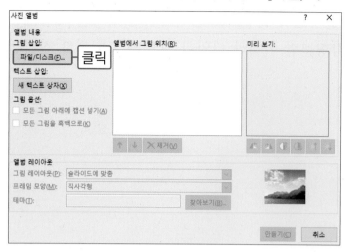

03 [새 그림 삽입] 대화상자가 나타나면 6개의 파일을 연속해서 선택하기 위해 '그라나다 1.jpg' 파일을 클릭한 후 Shift 키를 누른 채 '산토리니2.jpg' 파일을 클릭합니다. [삽입] 버튼을 클릭합니다.

04 다시 [사진 앨범] 대화상자가 나타나면 [앨범 레이아웃]에서 [그림 레이아웃]의 ∨를 클릭하여 '그림 2개'를 선택한 후 [만들기] 버튼을 클릭합니다.

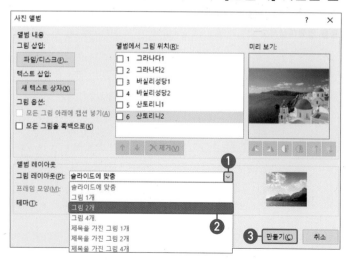

▶ 사진 앨범 배경 변경하기

01 선택한 그림들이 삽입된 새 프레젠테이션이 생성됩니다. **마우스 오른쪽 버튼을 클릭**하여 바로 가기 메뉴가 나타나면 **[배경 서식]을 선택**합니다.

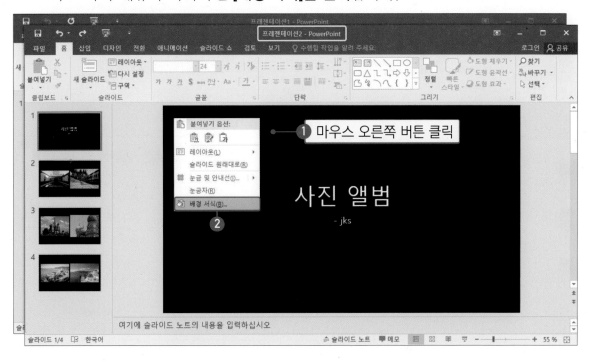

02 배경 서식 창이 나타나면 **[채우기]의 [그라데이션 채우기]를 선택**한 후 **[모두 적용] 버튼을 클릭**합니다. 화면을 넓게 쓰기 위해 **배경 서식 창의 ⊠(닫기) 버튼을 클릭**하고, 아래쪽의 **☰ 슬라이드 노트를 클릭**하여 슬라이드 노트 창을 닫습니다.

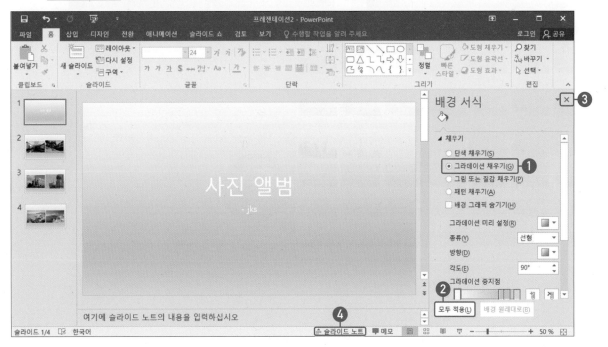

▶ 그림 배경 투명하게 만들기

01 [삽입] 탭-[이미지] 그룹-[그림]을 클릭합니다. [그림 삽입] 대화상자가 나타나면 '**여행.jpg**' 파일을 선택한 후 [삽입] 버튼을 클릭합니다.

02 그림이 삽입되면 [그림 도구]-[서식] 탭-[조정] 그룹-[색]에서 [투명한 색 설정]을 선택합니다.

03 마우스 포인터가 ![연필] 인 상태에서 **삭제할 배경 색상을 클릭**하여 배경을 투명하게 만든 후 **그림을 드래그하여 왼쪽으로 이동**합니다.

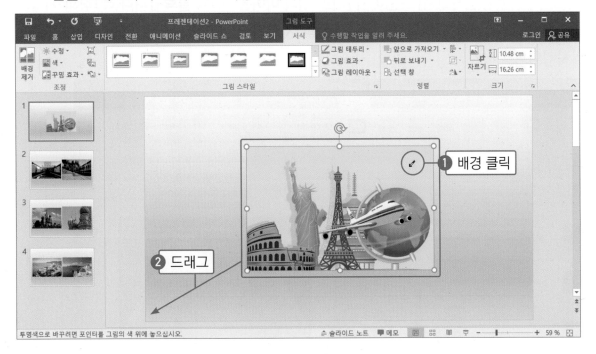

04 같은 방법으로 '여행맵.jpg' 파일을 삽입한 후 배경을 투명하게 설정하고 옆으로 이동합니다.

▶ 그림 자르기

01 [그림 도구]-[서식] 탭-[크기] 그룹에서 [자르기]의 아이콘(🖼)을 클릭합니다. 그림의 가장자리에 자르기 조절점이 나타나면 위쪽 중앙의 **자르기 조절점을 아래로 드래그**하여 구름을 제외시킵니다.

02 구름이 제외되어 사라진 것을 확인할 수 있습니다. [그림 도구]-[서식] 탭-[크기] 그룹에서 [자르기]의 아이콘(🖼)을 클릭하여 자르기를 완료합니다.

▶ 앨범 제목 만들기

01 제목 텍스트 상자에 다음처럼 **입력**한 후 **드래그**하여 위로 이동합니다.

02 [그리기 도구]-[서식] 탭-[WordArt 스타일] 그룹에서 [채우기 – 주황, 강조 2, 윤곽선 – 강조 2]를 클릭합니다.

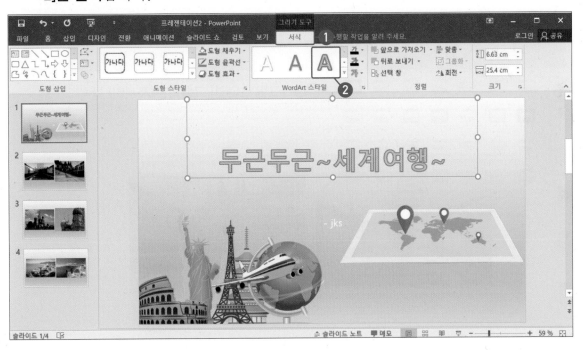

▶ 그림 스타일 적용하기

01 슬라이드 미리 보기 창에서 **2번 슬라이드**를 클릭한 후 **그림 두 개가 모두 포함되도록 드래그**하여 함께 선택합니다.

02 [그림 도구]-[서식] 탭-[그림 스타일] 그룹의 ▾(자세히)를 클릭하여 [반사형 입체, 흰색]을 선택합니다.

▶ 서식 복사 연속 사용하기

01 첫 번째 그림을 선택한 후 서식 복사를 연속해서 사용하기 위해 [홈] 탭-[클립보드] 그룹-
[서식 복사(🖌)]를 더블 클릭합니다.

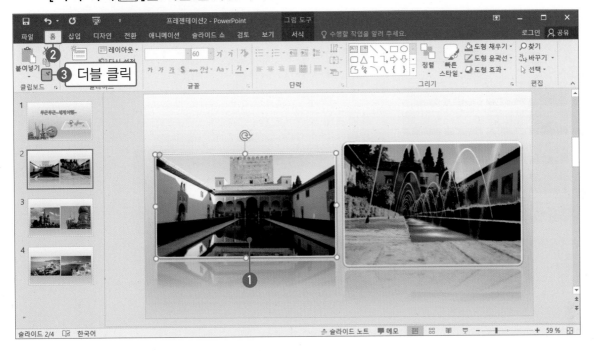

02 슬라이드 미리 보기 창에서 **3번 슬라이드를 클릭**한 후 슬라이드 창에서 **두 그림을 각각 선**
택하여 서식을 적용합니다. 연속 서식 복사를 해제하기 위해 [홈] 탭-[클립보드] 그룹-
[서식 복사(🖌)]를 클릭합니다.

 복사한 서식을 한 번만 사용하려면 [서식 복사(🖌)]를 한 번만 클릭하고 해제는 안 해도 됩니다.

▶ 꾸밈 효과 주기

01 슬라이드 미리 보기 창에서 **4번 슬라이드를 클릭**한 후 슬라이드 창에서 **첫 번째 그림을 선**택합니다. [그림 도구]-[서식] 탭-[조정] 그룹-[꾸밈 효과]에서 [강조]를 선택합니다.

02 두 번째 그림을 선택한 후 [그림 도구]-[서식] 탭-[조정] 그룹-[꾸밈 효과]에서 [연필 회색조]를 선택합니다.

03 빠른 실행 도구 모음의 🖫(저장)을 클릭하여 파일 이름을 '세계여행'으로 저장합니다.

01 다음과 같이 사진 앨범을 활용하여 그림 여섯 장을 삽입해 봅니다.

준비파일 아기1.jpg~아기6.jpg

> • 앨범 레이아웃 : 그림 레이아웃(그림 4개) 설정
> • 배경 색 : 주황

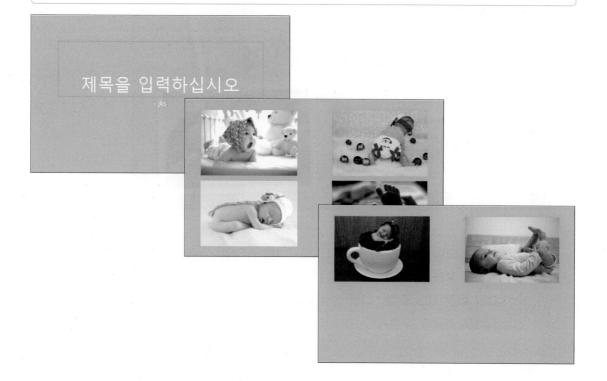

02 문제 **01**의 파일에서 다음과 같이 1번 슬라이드의 제목과 부제목을 입력하여 꾸민 후 '아기그림1.jpg'를 삽입해 봅니다.

준비파일 아기그림1.jpg

[WordArt 스타일]-[채우기 – 흰색, 윤곽선 – 강조 2, 진한 그림자 – 강조 2]

03 문제 **02**의 파일에서 다음과 같이 2번 슬라이드에 삽입된 그림에 그림 스타일을 적용한 후 '아기그림2.jpg'를 삽입해 봅니다.

준비파일 아기그림2.jpg

힌트
- 그림 스타일 : [그림 도구]–[서식] 탭–[그림 스타일] 그룹의 ▼(자세히)를 클릭 → 그림 스타일 갤러리에서 [회전, 흰색] 선택
- 그림 회전 각도 조절 : 그림 선택 → 각 그림의 ⟳을 시계 방향 또는 반시계 방향으로 드래그

04 문제 **03**의 파일에서 다음과 같이 3번 슬라이드에 삽입된 그림에 그림 스타일을 적용한 후 '아기그림3.jpg'를 삽입하고 '아기앨범.pptx'로 저장해 봅니다.

준비파일 아기그림3.jpg

07 커리큘럼 만들기

- 도형 병합
- 도형 점 편집
- 도형에 그림 삽입
- 도형에 텍스트 입력

- 도형 스타일 적용
- 도형 그룹
- 도형 간격

미/리/보/기

■ 준비파일 : 커피타임.pptx
■ 완성파일 : 커피타임(완성).pptx

▲ 1번 슬라이드

▲ 2번 슬라이드

이번 장에서는 도형을 생성하는 방법과 기존의 도형을 변형하여 새로운 도형으로 만드는 방법 등 도형을 응용하는 방법을 알아보겠습니다.

도형 관련 기능 알아보기

▶ 도형 삽입

[삽입] 탭-[일러스트레이션] 그룹-[도형]을 클릭하여 도형 갤러리가 나타나면 원하는 도형을 선택한 후 슬라이드에 드래그하여 삽입합니다.

▶ [그리기 도구]-[서식] 탭 살펴보기

❶ [도형 삽입] 그룹

- 도형 : 최근에 사용한 도형이 표시되며, ▽(자세히)를 클릭하면 도형 갤러리에서 다양한 도형을 선택할 수 있습니다.

- **도형 편집** : 도형을 선택한 후 하위 메뉴를 통해 도형을 변경합니다.

- **도형 모양 변경** : 선택한 도형을 다른 도형으로 변경합니다.
- **점 편집** : 점 편집 명령을 실행하면 도형의 가장자리 점이 검은색으로 변경되는데, 이때 도형의 점을 이동하거나 방향 조절점을 조정하여 도형의 모양을 변경합니다.
- **연결선 바꾸기** : 연결선을 사용한 경우 연결선을 변경합니다.

- **텍스트 상자** : 텍스트 상자를 삽입하여 텍스트를 입력할 수 있습니다.

- **도형 병합** : 2개 이상의 도형을 일부분이 겹치도록 배치한 후 모두 선택하고 하위 메뉴를 통해 병합 방법을 선택합니다.

- **병합** : 선택한 도형을 하나의 도형으로 만듭니다.
- **결합** : 도형의 교차한 부분을 삭제하고 하나의 도형으로 만듭니다.
- **조각** : 교차한 부분을 조각냅니다.
- **교차** : 교차한 부분은 남기고 모두 제거합니다.
- **빼기** : 첫 번째 선택한 도형에서 두 번째 선택한 도형을 뺍니다.

❷ **[도형 스타일] 그룹**

- **빠른 스타일** : 미리 준비된 도형 스타일 갤러리에서 도형 스타일을 선택할 수 있습니다. ▼(자세히)를 클릭하면 다양한 도형 스타일을 확인할 수 있습니다.

- **도형 채우기** : 도형에 색, 그림, 그라데이션, 질감 등을 채울 수 있습니다.
- **도형 윤곽선** : 윤곽선에 색, 두께, 대시, 화살표 등을 설정합니다.
- **도형 효과** : 도형에 그림자, 반사, 네온, 부드러운 가장자리, 입체 효과, 3차원 회전 등을 설정할 수 있습니다.

❸ **[정렬] 그룹**

- **앞으로 가져오기** : ▼를 클릭하면 하위 메뉴가 표시됩니다. '앞으로 가져오기'는 한 개체 앞으로 가져오고, '맨 앞으로 가져오기'는 모든 개체 맨 앞으로 가져옵니다.

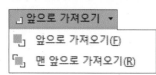

- **뒤로 보내기** : ▼를 클릭하면 하위 메뉴가 표시됩니다. '뒤로 보내기'는 한 개체 뒤로 보내지며, '맨 뒤로 보내기'는 모든 개체의 맨 뒤로 보내집니다.

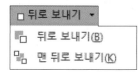

- **선택 창** : 선택 창이 표시되거나 표시되지 않습니다.
- **맞춤** : 선택한 개체의 위치를 정렬하거나 간격을 동일하게 정렬합니다.

- **왼쪽 맞춤** : 선택한 개체 중 가장 왼쪽 개체의 위치에 맞추어 이동합니다.
- **가운데 맞춤** : 선택한 개체 중 가운데 개체의 위치에 맞추어 이동합니다.
- **오른쪽 맞춤** : 선택한 개체 중 가장 오른쪽 개체의 위치에 맞추어 이동합니다.
- **위쪽 맞춤** : 선택한 개체 중 가장 위쪽 개체의 위치에 맞추어 이동합니다.
- **중간 맞춤** : 선택한 개체 중 중간 개체의 위치에 맞추어 이동합니다.
- **아래쪽 맞춤** : 선택한 개체 중 가장 아래쪽 개체의 위치에 맞추어 이동합니다.

- **가로 간격을 동일하게** : 3개 이상 선택한 개체들의 가로 간격을 동일하게 정렬합니다.
- **세로 간격을 동일하게** : 3개 이상 선택한 개체들의 세로 간격을 동일하게 정렬합니다.
- **슬라이드에 맞춤** : '슬라이드에 맞춤'을 체크하고 정렬을 실행하면 슬라이드를 기준으로 정렬됩니다.
- **선택한 개체 맞춤** : '선택한 개체 맞춤'을 체크하고 정렬을 실행하면 개체를 기준으로 정렬됩니다.

- **그룹화** : 개체를 묶어서 그룹화하거나 해제합니다.
- **회전** : 개체를 회전하거나 상하/좌우로 대칭합니다.

❹ [크기] 그룹 : 개체의 높이와 너비를 지정합니다.

개체(Object)
파워포인트에서의 '개체'는 도형, 그림, 사진, 텍스트 상자, 워드아트, 차트 같은 것들을 말합니다.

[홈] 탭–[그리기] 그룹에서도 도형을 생성하고 채우기, 윤곽선, 효과를 적용할 수 있습니다.

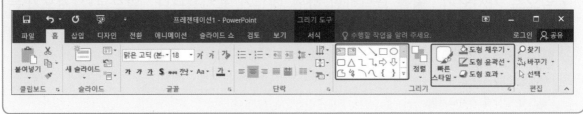

커피 특강 커리큘럼 만들기

▶ 파일 불러오기

01 파워포인트를 실행한 후 [다른 프레젠테이션 열기]를 클릭합니다.

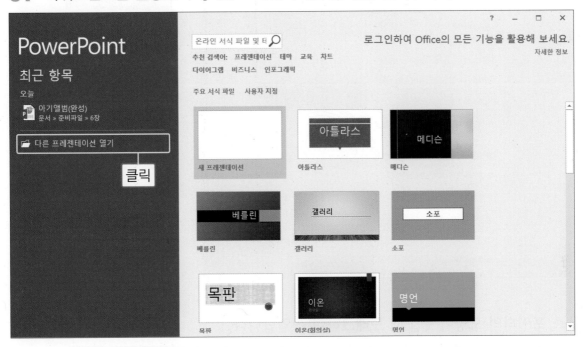

02 [열기]의 [찾아보기]를 클릭합니다. [열기] 대화상자가 나타나면 '커피타임.pptx' 파일을 찾아
선택한 후 [열기] 버튼을 클릭합니다.

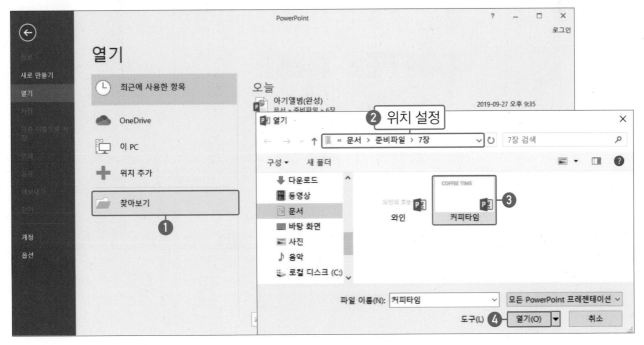

▶ 도형 삽입하기

01 도형을 삽입하기 위해 [삽입] 탭-[일러스트레이션] 그룹-[도형]에서 [원통(🛢)]을 선택합니다.

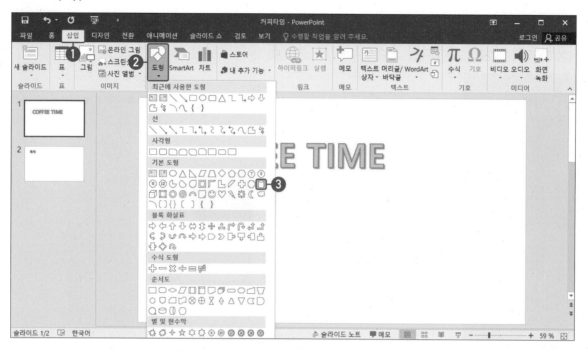

02 마우스 포인터의 모양이 +일 때 **드래그**하여 삽입합니다.

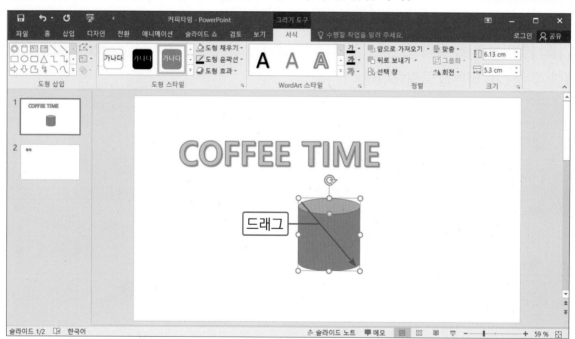

03 [그리기 도구]-[서식] 탭-[도형 삽입] 그룹에서 ⊽(자세히)를 클릭한 후 [도넛(◎)]을 선택합니다.

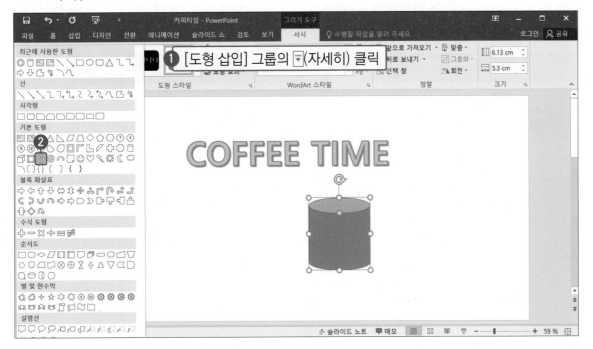

04 Shift 키를 누른 채 드래그합니다.

도형을 그릴 때 Shift 키를 누른 채 드래그하면 정비율(1:1)로 생성됩니다. 이때 마우스 버튼에서 손을 먼저 떼고 키보드에서 손을 뗍니다.

▶ 도형 병합하기

01 원통과 도넛 도형이 모두 포함되도록 드래그하여 두 개의 도형을 함께 선택한 후 [그리기 도구]-[서식] 탭-[도형 삽입] 그룹-[도형 병합()]에서 [병합]을 선택합니다.

| | 도넛 도형이 선택되어 있는 상태이므로 Shift 키를 누른 채 원통 도형을 추가로 클릭하면 두 개의 도형이 함께 선택됩니다. |

02 도형을 드래그하여 오른쪽 위로 이동합니다.

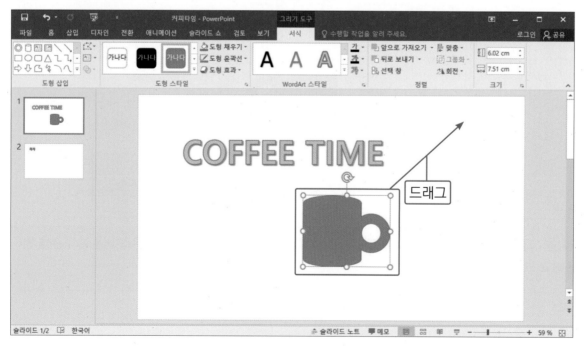

▶ 도형 점 편집하기

01 [그리기 도구]-[서식] 탭-[도형 삽입] 그룹에서 [직사각형(□)]을 클릭합니다.

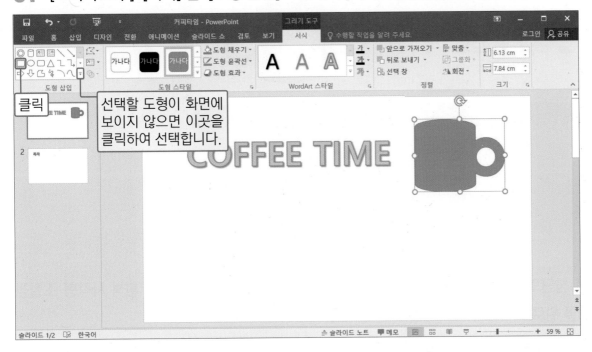

02 드래그하여 사각형을 삽입한 후 [그리기 도구]-[서식] 탭-[도형 삽입] 그룹-[도형 편집(◻▾)] 에서 [점 편집]을 선택합니다.

03 도형의 각 꼭짓점이 검은색 사각형 모양(■)으로 변경된 것을 확인합니다.

04 왼쪽 상단의 검은색 사각형 조절점(■)을 클릭하여 선택합니다. 오른쪽 흰색 사각형 조절점 (□)을 위로 드래그하여 곡선을 조절합니다.

05 오른쪽 상단의 검은색 사각형 조절점(■)을 클릭하여 선택합니다. **왼쪽 흰색 사각형 조절점**(□)을 아래로 드래그하여 곡선을 조절합니다. **빈 여백을 클릭**하여 점 편집 상태를 해제합니다.

 꼭짓점이 검은색 사각형 모양(■)으로 변경된 상태가 점 편집 상태인데, 꼭짓점이 작아서 실수로 임의의 다른 곳을 클릭하면 점 편집 상태가 해제될 수 있습니다. 둥근 조절점(◉)으로 보이면 일반 도형 상태이므로 편집할 수 없습니다.

- 점 편집 상태에서 Ctrl 키를 누른 채 빨간 선 위를 클릭하면 검은색 사각형 조절점(■)이 생성됩니다.

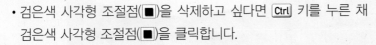

- 검은색 사각형 조절점(■)을 삭제하고 싶다면 Ctrl 키를 누른 채 검은색 사각형 조절점(■)을 클릭합니다.

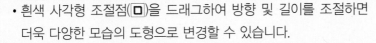

- 흰색 사각형 조절점(□)을 드래그하여 방향 및 길이를 조절하면 더욱 다양한 모습의 도형으로 변경할 수 있습니다.

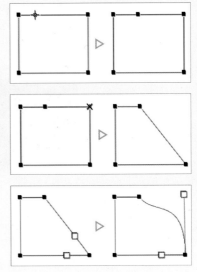

▶ 도형에 그림 삽입하기

01 편집한 도형을 클릭하여 선택한 후 [그리기 도구]-[서식] 탭-[도형 스타일] 그룹-[도형 채우기]에서 [그림]을 선택합니다. [그림 삽입] 대화상자가 나타나면 [파일에서]의 [찾아보기]를 클릭합니다.

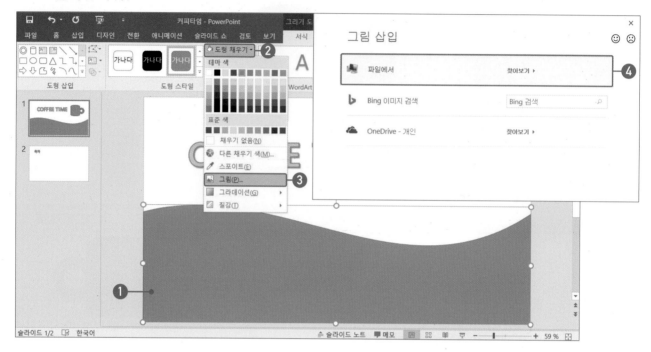

02 새로운 [그림 삽입] 대화상자가 나타나면 '원두.jpg' 파일을 찾아 선택한 후 [삽입] 버튼을 클릭합니다. 도형 안으로 그림이 삽입된 것을 확인할 수 있습니다.

▶ 도형에 텍스트 삽입하기

01 슬라이드 미리 보기 창에서 2번 슬라이드를 클릭한 후 도형을 삽입하기 위해 [삽입] 탭-
[일러스트레이션] 그룹-[도형]에서 [하트(♡)]를 선택합니다.

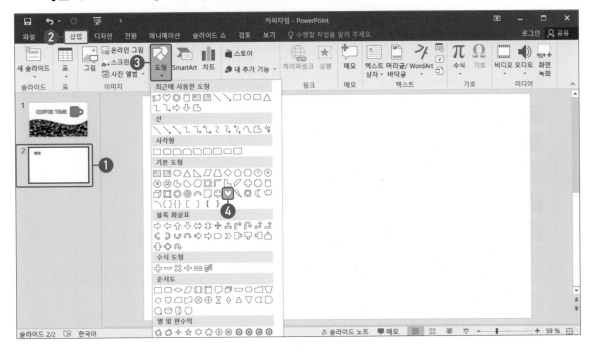

02 드래그하여 하트를 삽입한 후 '1'을 입력합니다. 하트 도형을 선택한 후 [홈] 탭-[글꼴] 그룹
에서 [글꼴 크기]를 '36'으로 설정합니다.

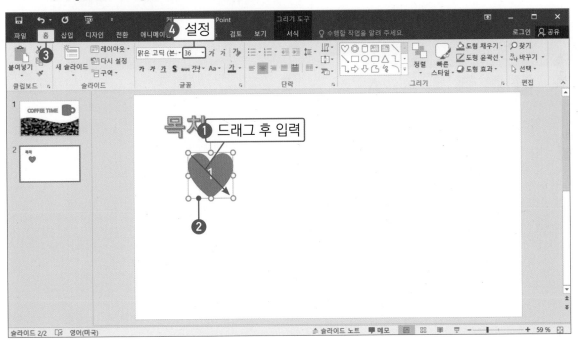

127

▶ 도형에 스타일 적용하기

01 하트 도형이 선택되어 있는 상태에서 [그리기 도구]–[서식] 탭–[도형 스타일] 그룹의 ▼
(자세히)를 클릭한 후 [테마 스타일]의 [강한 효과 – 황금색, 강조 4]를 선택합니다.

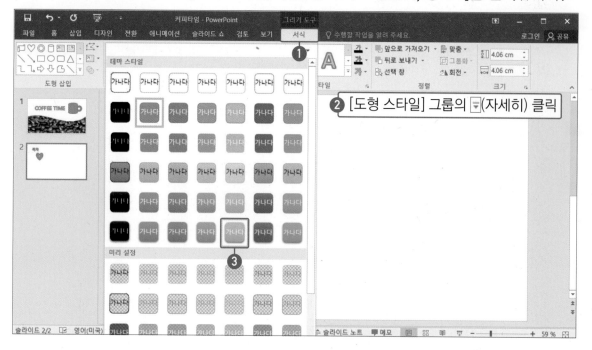

02 Ctrl + D 키를 눌러 복제하고 스타일을 변경해 보겠습니다. [그리기 도구]–[서식] 탭–[도형
스타일] 그룹의 ▼(자세히)를 클릭한 후 [테마 스타일]의 [강한 효과 – 주황, 강조 2]를 선택합
니다.

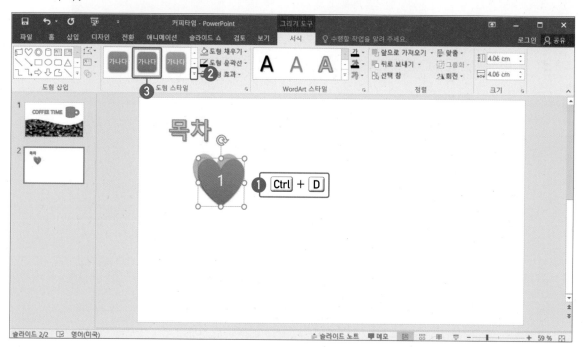

▶ 도형의 모양과 배치 순서 변경하기

01 복제된 하트 도형의 모양을 변경하기 위해 [그리기 도구]-[서식] 탭-[도형 삽입] 그룹-[도형 편집( )]에서 [도형 모양 변경]-[물결]을 선택합니다. 하트 도형이 물결 도형으로 변경되면 **물결 도형의 오른쪽 중간 조절점을 드래그**하여 너비를 늘립니다.

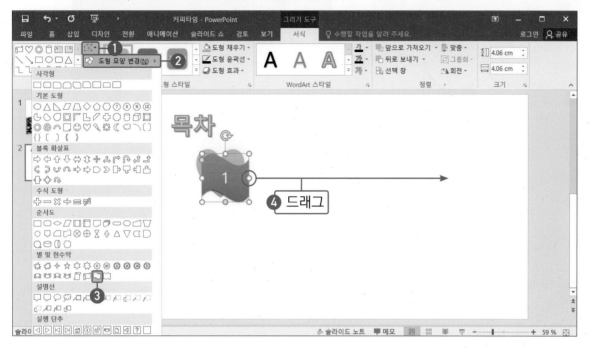

02 [그리기 도구]-[서식] 탭-[정렬] 그룹에서 [뒤로 보내기]의 ▾를 클릭하여 [맨 뒤로 보내기]를 선택합니다. 물결 도형이 하트 도형 뒤로 배치되면 **물결 도형을 드래그**하여 위치를 다음과 같이 조정합니다.

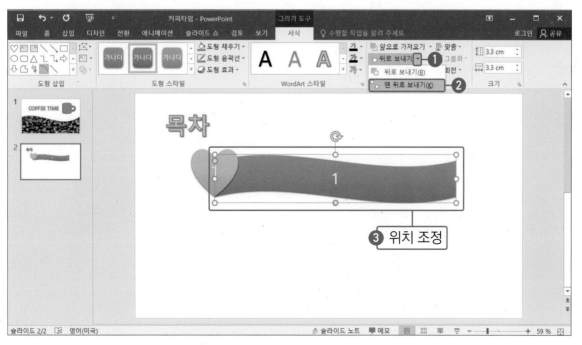

▶ 도형 그룹으로 묶고 이동 및 복제하기

01 하트와 물결 도형이 모두 포함되도록 드래그하여 함께 선택한 후 [그리기 도구]–[서식] 탭–[정렬] 그룹–[그룹화]에서 [그룹]을 선택합니다.

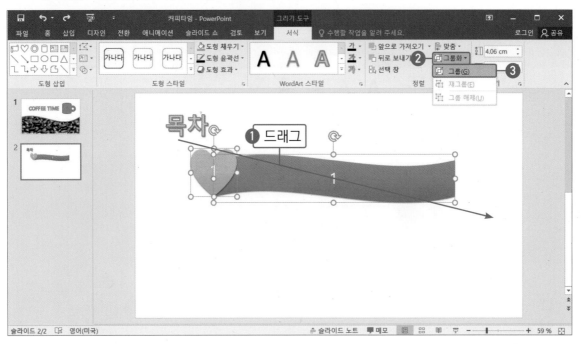

02 Ctrl + Shift 키를 누른 채 아래로 드래그하여 복제한 후 다시 Ctrl + Shift 키를 누른 채 드래그합니다.

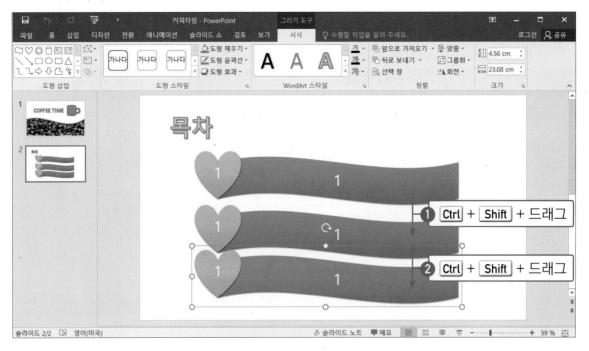

▶ 간격을 동일하게 배치하기

01 세 개의 하트와 물결 그룹이 모두 포함되도록 드래그하여 선택한 후 [그리기 도구]–[서식] 탭–[정렬] 그룹–[맞춤]에서 [세로 간격을 동일하게]를 선택합니다.

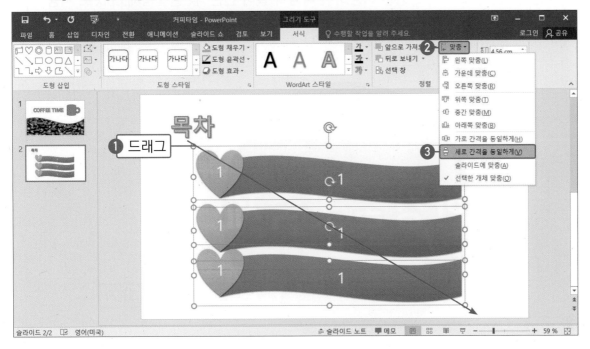

02 임의의 **빈 곳을 클릭**하여 선택을 해제한 후 **첫 번째 물결 도형을 클릭**합니다. 그룹화하였기 때문에 한 번 클릭하면 하트와 물결 도형이 함께 선택됩니다. **한 번 더 클릭**하여 해당 도형을 선택한 후 **입력 내용을 수정**합니다. 두 **번째와 세 번째 도형**도 같은 방법으로 선택하여 **수정**합니다.

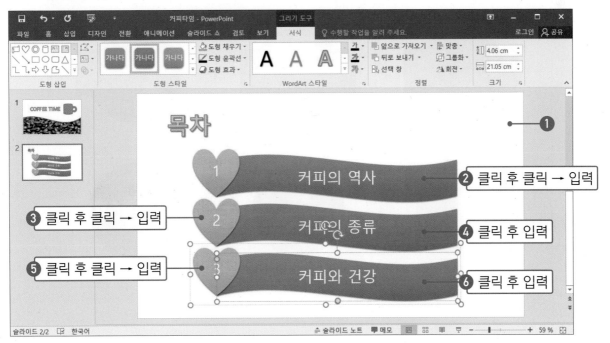

03 빠른 실행 도구 모음의 🔙(저장)을 클릭합니다.

01 새 프레젠테이션에 두 개의 도형을 이용하여 다음과 같이 만든 후 '불꽃축제.pptx'로 저장해 봅니다.

준비파일 불꽃.jpg

글꼴 스타일 : 굵게, 텍스트 그림자

 힌트

타원과 직사각형을 겹쳐 작성 → 도형 모두 선택 → [그리기 도구]–[서식] 탭–[도형 삽입] 그룹–[도형 병합]의 [조각] 선택 → 불필요한 도형 삭제 → 도형 선택 → [그리기 도구]–[서식] 탭–[도형 스타일] 그룹–[도형 채우기]의 [그림] 선택 → 파일에서 찾아 보기 : 불꽃.jpg → 텍스트 상자 삽입 → 입력 후 이동

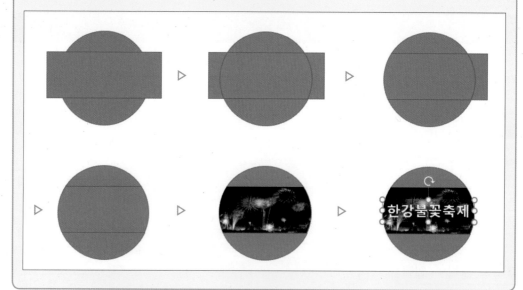

02 '와인.pptx' 파일을 불러온 후 도형을 활용하여 다음과 같이 '포도.jpg'로 채워진 상단 도형과 와인병을 만들어 봅니다.

준비파일 와인.pptx, 포도.jpg

힌트

- **상단 도형** : '직사각형' 삽입 → 점 편집으로 변형 → 도형 채우기(그림 : 포도.jpg)
- **와인병** : '원통' 도형 삽입 → 아래쪽 '원통' 도형의 노란색 변형점을 조절하여 변형 → 2개의 '원통' 도형 병합

03 문제 **02**의 파일에서 도형을 이용하여 2번 슬라이드를 다음과 같이 만든 후 저장해 봅니다.

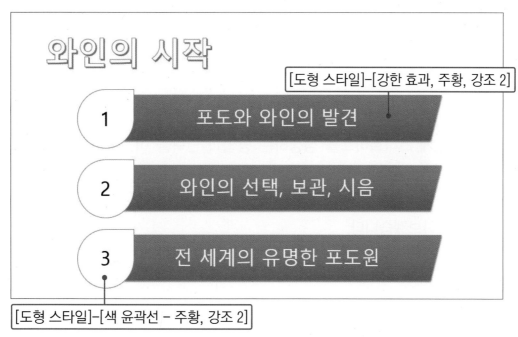

와인의 시작

[도형 스타일]-[강한 효과, 주황, 강조 2]

1 포도와 와인의 발견

2 와인의 선택, 보관, 시음

3 전 세계의 유명한 포도원

[도형 스타일]-[색 윤곽선 – 주황, 강조 2]

08 조직도 및 안내문 만들기

- 스마트아트 생성
- 스마트아트의 도형 추가
- 스마트 색 변경
- 스마트아트 스타일
- 스마트아트로 변환
- 스마트아트 레이아웃 변경

📁 준비파일 : 스트레스.pptx

📁 완성파일 : 동문회 조직도(완성).pptx, 스트레스(완성).pptx

미/리/보/기

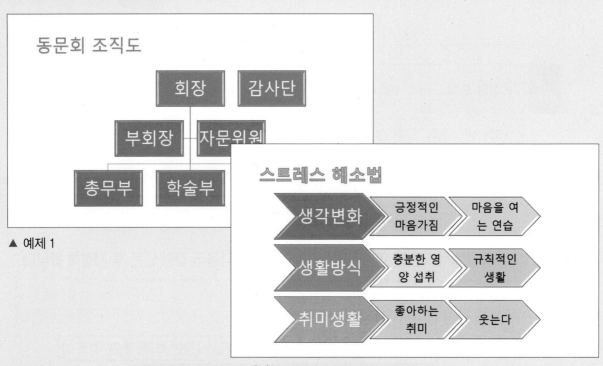

▲ 예제 1

▲ 예제 2

이번 장에서는 새롭게 스마트아트를 생성하는 방법과 단락을 이용하여 스마트아트를 생성하는 방법을 살펴봅니다. 더불어 생성된 스마트아트의 레이아웃을 변경하고 스타일을 변경하는 방법도 알아보겠습니다.

01 스마트아트 관련 기능 알아보기

▶ 스마트아트

스마트아트는 텍스트로 구성되는 내용을 그래픽 도형을 사용하여 시각적으로 표현한 것입니다. 다양한 레이아웃 중에 선택하여 사용할 수 있으며, 청중들에게 내용을 쉽고 빠르게 효과적으로 전달할 수 있습니다.

▶ 스마트아트를 생성하는 방법

- [삽입] 탭-[일러스트레이션] 그룹-[SmartArt]를 클릭하면 나타나는 [SmartArt 그래픽 선택] 대화상자에서 스마트아트 종류를 선택하여 생성할 수 있습니다.

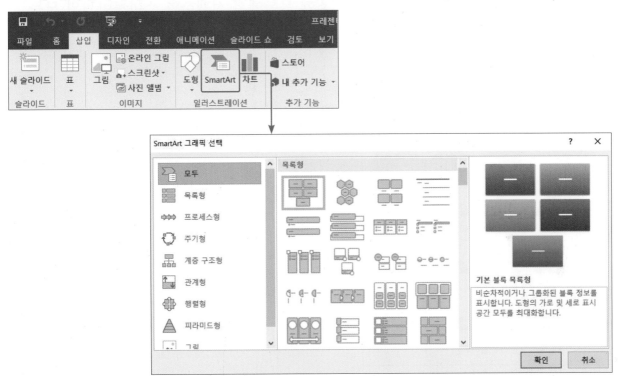

- 기존의 입력된 문장을 SamartArt로 구성할 수도 있습니다. 먼저, 목록 수준이 다른 단락으로 구성된 텍스트 상자를 선택하고 [홈] 탭-[단락] 그룹-[SmartArt로 변환]을 클릭한 후 [SmartArt 그래픽 선택] 대화상자에서 선택하면 생성할 수 있습니다.

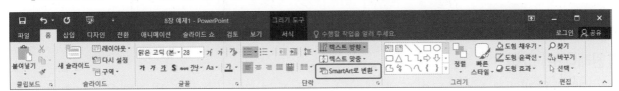

▶ [SmartArt 도구]–[디자인] 탭 살펴보기

❶ [그래픽 만들기] 그룹 : 생성된 스마트아트에 도형을 추가하거나 글머리 기호 추가, 텍스트 창 표시, 도형의 수준이나 위치 이동 등을 할 수 있습니다.

❷ [레이아웃] 그룹 : 생성된 스마트아트의 레이아웃을 변경하여 다른 종류의 스마트아트를 생성합니다.

❸ [SmartArt 스타일] 그룹

* **색 변경** : 미리 준비된 여러 가지 색의 조합 목록에서 선택하여 스마트아트의 모든 도형 색상을 변경할 수 있습니다.

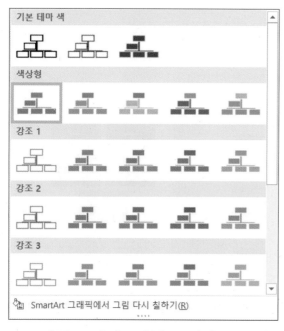

* **빠른 스타일** : 미리 준비된 SmartArt 스타일 갤러리에서 스마트아트 스타일을 선택할 수 있고, ⏷(자세히)를 클릭하면 다양한 스마트아트 스타일을 확인할 수 있습니다.

❹ [원래대로] 그룹

* **그래픽 원래대로** : 스마트아트에 색이나 글꼴 등과 같은 속성을 변경했을 때 초기 상태로 변경됩니다.
* **변환** : 스마트아트를 텍스트나 도형으로 변환할 수 있습니다.

동문회 구성 한눈에 파악하기

▶ 스마트아트 생성하기

01 파워포인트를 실행한 후 [새 프레젠테이션]을 클릭합니다. [홈] 탭-[슬라이드] 그룹-
[레이아웃]에서 [제목 및 내용]을 선택해 슬라이드를 변경합니다.

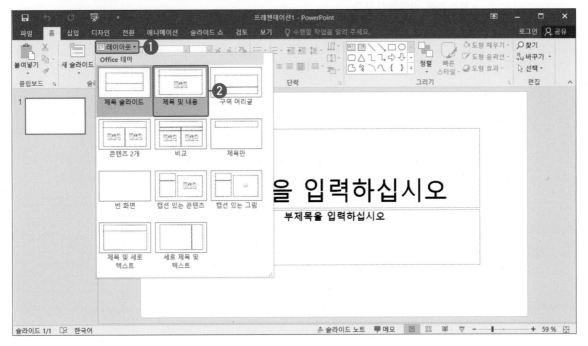

02 다음과 같이 제목을 입력한 후 [그리기 도구]-[서식] 탭-[WordArt 스타일] 그룹에서
WordArt 스타일 갤러리 중 [채우기 - 파랑, 강조 1, 그림자]를 선택합니다.

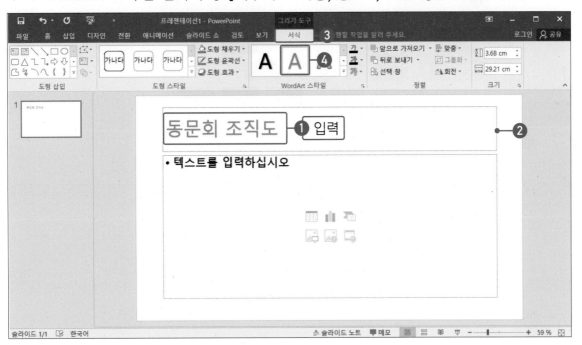

03 [삽입] 탭-[일러스트레이션] 그룹-[SmartArt]를 클릭합니다.

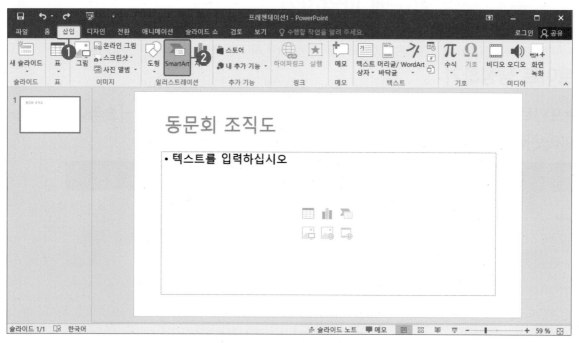

잠깐
스마트아트를 생성하기 위해 내용 텍스트 상자에 표시된 목록 중 🔲(SmartArt 그래픽 삽입)을 클릭하여 생성할 수도 있습니다.

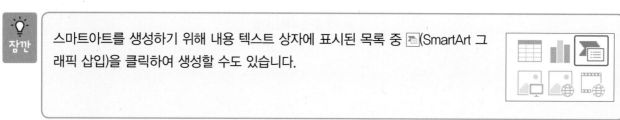

04 [SmartArt 그래픽 선택] 대화상자가 나타나면 [계층 구조형]-[조직도형]을 선택한 후 [확인] 버튼을 클릭합니다.

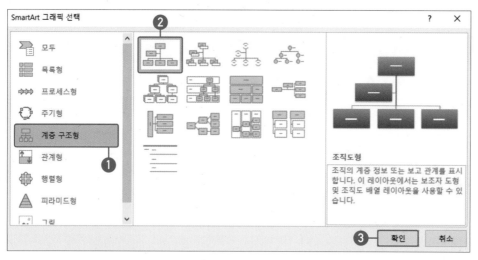

05 조직도형 스마트아트가 슬라이드에 삽입된 것을 확인할 수 있습니다.

06 스마트아트 도형을 각각 클릭하여 다음처럼 **입력**합니다.

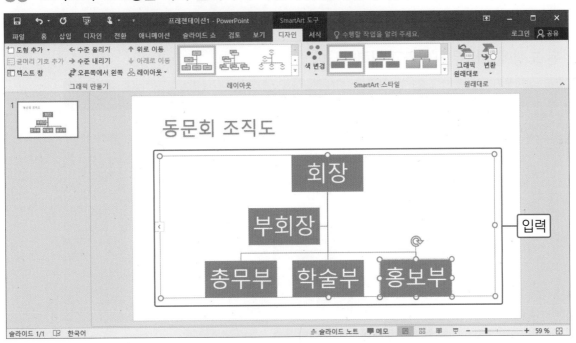

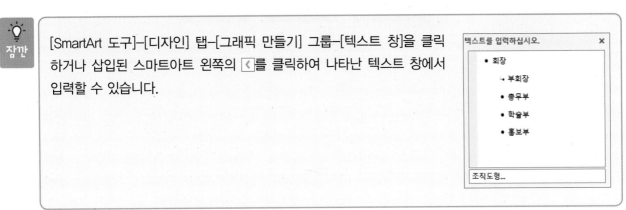

잠깐

[SmartArt 도구]–[디자인] 탭–[그래픽 만들기] 그룹–[텍스트 창]을 클릭하거나 삽입된 스마트아트 왼쪽의 ◁를 클릭하여 나타난 텍스트 창에서 입력할 수 있습니다.

▶ 스마트아트에 도형 추가하기

01 '부회장'이라고 입력한 도형을 선택한 후 [SmartArt 도구]-[디자인] 탭-[그래픽 만들기] 그룹에서 [도형 추가]의 ▾를 클릭하고 [뒤에 도형 추가]를 선택합니다.

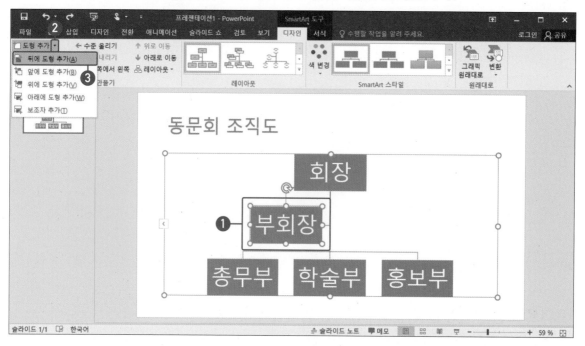

02 생성된 도형에 '**자문위원**'이라고 입력합니다.

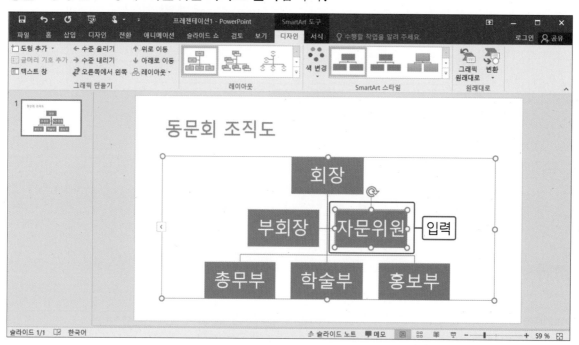

03 '회장'이라고 입력한 도형을 선택한 후, [SmartArt 도구]-[디자인] 탭-[그래픽 만들기] 그룹에서 [도형 추가]의 █를 클릭하고 [뒤에 도형 추가]를 선택합니다.

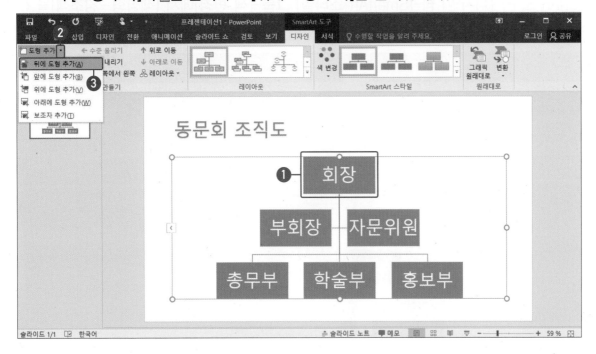

04 생성된 도형에 '감사단'이라고 입력합니다.

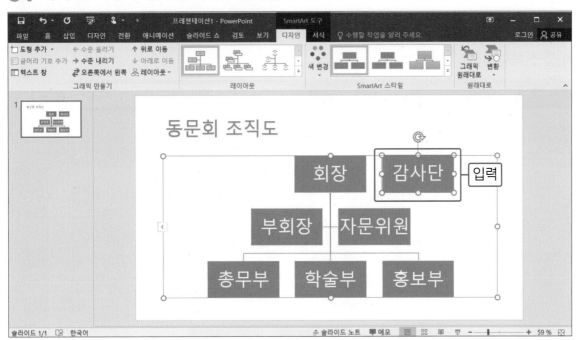

▶ 스마트아트 스타일 적용하기

01 [SmartArt 도구]-[디자인] 탭-[SmartArt 스타일] 그룹-[색 변경]에서 [색상형-강조색]을 선택합니다.

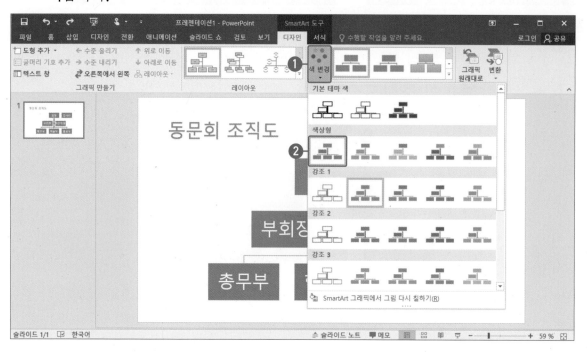

02 [SmartArt 도구]-[디자인] 탭-[SmartArt 스타일] 그룹에서 ⊽(자세히)를 클릭한 후 [3차원]의 [만화]를 선택합니다.

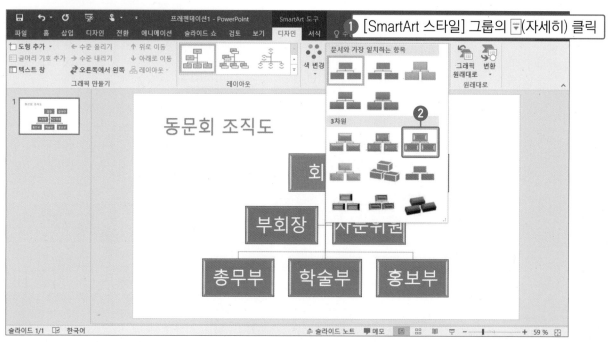

03 빠른 실행 도구 모음의 🔒(저장)을 클릭하여 파일 이름을 '동문회 조직도'로 저장합니다.

스트레스 해소법 한눈에 쏙 들어오게 만들기

▶ 단락을 활용한 스마트아트 생성하기

01 [파일] 탭-[열기]-[찾아보기]를 클릭한 후 [열기] 대화상자가 나타나면 '스트레스.pptx' 파일을 찾아 불러옵니다.

02 내용 텍스트 상자를 선택한 후 [홈] 탭-[단락] 그룹-[SmartArt로 변환(🖼)]에서 [기타 Smar-tArt 그래픽]을 선택합니다.

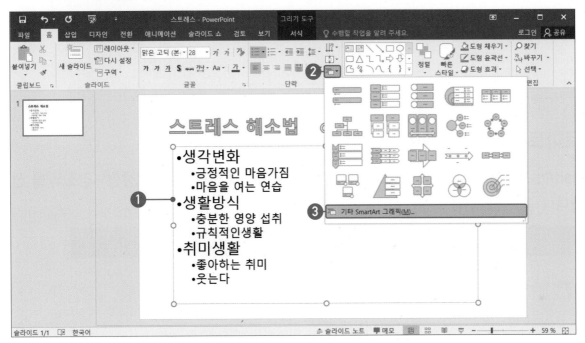

03 [SmartArt 그래픽 선택] 대화상자가 나타나면 [프로세스형]-[교대 흐름형]을 선택하고 [확인] 버튼을 클릭합니다.

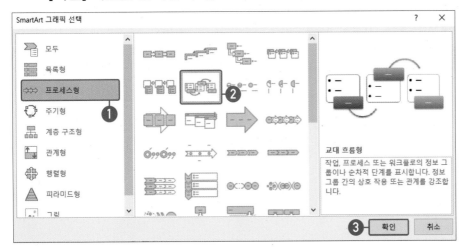

04 교대 흐름형 스마트아트가 생성된 것을 확인할 수 있습니다.

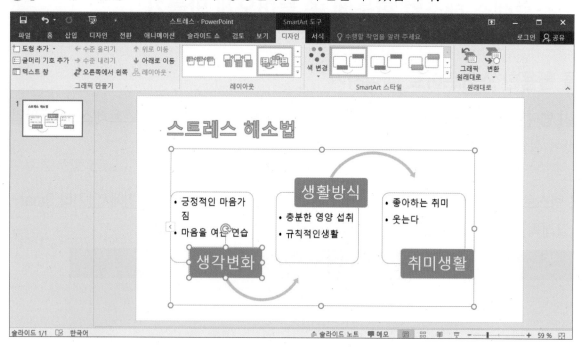

▶ 스마트아트 스타일 및 레이아웃 변경하기

01 [SmartArt 도구]-[디자인] 탭-[SmartArt 스타일] 그룹-[색 변경]에서 [색상형 - 강조색]을 선택합니다.

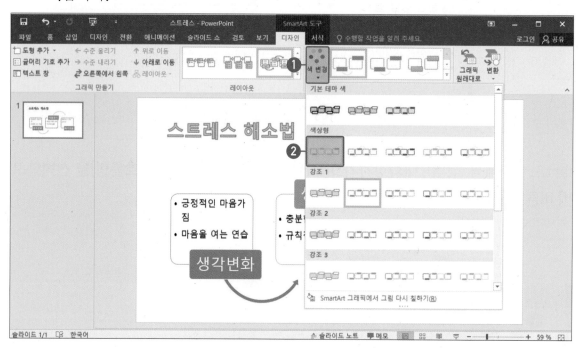

02 스마트아트의 레이아웃을 변경하기 위해 [SmartArt 도구]–[디자인] 탭–[레이아웃] 그룹에서 ▼(자세히)를 클릭한 후 [갈매기형 수장 목록형]을 선택합니다.

03 스마트아트 스타일을 변경하기 위해 [SmartArt 도구]–[디자인] 탭–[SmartArt 스타일] 그룹에서 ▼(자세히)를 클릭한 후 [3차원]의 [만화]를 선택합니다.

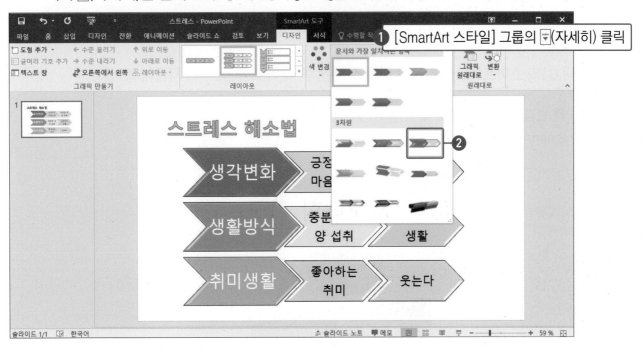

04 빠른 실행 도구 모음의 ▣(저장)을 클릭합니다.

01 새 프레젠테이션에 다음과 같은 내용의 '조직도형' 스마트아트를 작성해 봅니다.

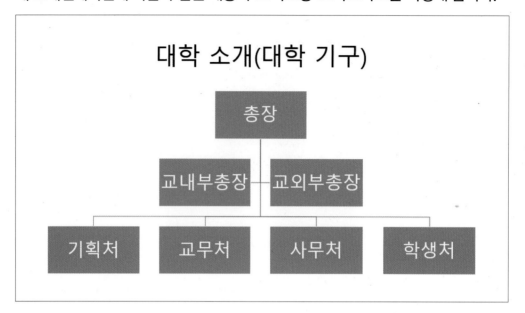

> **힌트** 도형을 추가할 때는 추가할 도형의 앞 도형을 선택한 후 [디자인] 탭–[그래픽 만들기] 그룹에서 [도형 추가]의 ■를 클릭하여 [뒤에 도형 추가]를 선택합니다.

02 문제 **01**의 스마트아트를 다음과 같이 수정한 후 '대학 소개.pptx'로 저장해 봅니다.

- **색 변경** : 색상형 – 강조색
- **SmartArt 스타일** : 벽돌

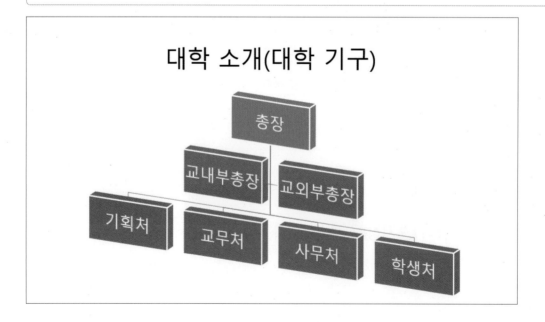

03 '프로세스.pptx' 파일을 불러온 후 '프로세스 목록형' 스마트아트로 변환해 봅니다.

준비파일 프로세스.pptx

 스마트아트로 변환할 내용이 입력된 텍스트 상자를 선택한 후 [홈] 탭-[단락] 그룹-[SmartArt로 변환]을 클릭해 스마트아트를 지정합니다.

원본 파일 모습 ▶

04 문제 **03**의 스마트아트를 다음과 같이 수정한 후 저장해 봅니다.

- **색 변경 :** 색상형 범위 – 강조색 5 또는 6
- **SmartArt 스타일 :** 경사

09 식단표와 가계부 차트 만들기

- 표 삽입
- 표 크기 조정
- 셀 너비 조정 및 열 너비를 같게
- 셀 병합
- 표 스타일 및 테두리 그리기
- 차트 삽입
- 차트 스타일
- 차트 레이아웃

미/리/보/기

📁 완성파일 : 식단표(완성).pptx, 가계부(완성).pptx

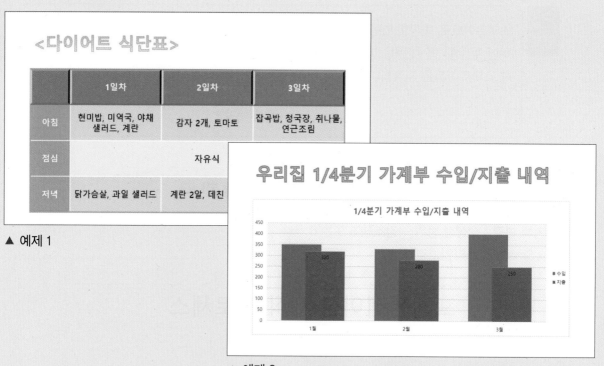

▲ 예제 1

▲ 예제 2

이번 장에서는 행과 열로 구성되어 있는 셀에 데이터를 일목요연하게 정리할 수 있는 '표'와 막대형, 원형, 꺾은선형 등 수치 데이터를 보다 쉽게 비교할 수 있는 '차트'를 생성하여 데이터를 한눈에 파악할 수 있는 방법을 알아보겠습니다.

표와 차트 관련 기능 알아보기

▶ 표의 구성

표는 데이터를 빠르게 참조할 수 있도록 일정한 형식이나 순서 등의 구분에 따라 데이터를 정리하여 모아 놓은 것입니다.

연령	남자	여자
40세	15,800원	10,800원
60세	18,800원	14,400원
70세	20,500원	16,500원

▲ 3열 4행의 표

❶ 행 : 행은 가로 줄을 의미하며, 보통 1행은 머리글 행입니다.

❷ 열 : 열은 세로 줄을 의미합니다.

❸ 셀 : 데이터를 입력할 수 있는 공간입니다.

▶ 표 삽입

[삽입] 탭-[표] 그룹-[표]를 클릭하면 다양한 방법으로 표를 만들 수 있습니다.

❶ 원하는 행과 열의 개수를 드래그하여 표를 삽입할 수 있습니다.

❷ 표 삽입 : [표 삽입] 대화상자가 나타납니다. 열과 행의 개수를 입력하여 표를 삽입합니다.

❸ 표 그리기 : 연필 모양(✐)의 마우스 포인터가 나타납니다. 드래그하여 표를 삽입합니다.

❹ Excel 스프레드시트 : 엑셀의 스프레드시트가 나타납니다. 데이터를 입력하여 표를 삽입합니다.

▶ [표 도구]-[디자인] 탭 살펴보기

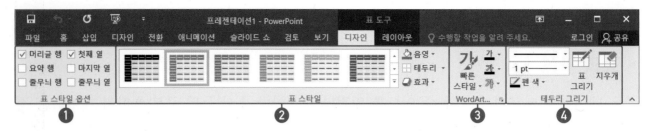

❶ [표 스타일 옵션] 그룹 : 체크하면 선택한 영역의 색상을 강조합니다.

❷ [표 스타일] 그룹 : 미리 준비된 표 스타일 갤러리에서 표 스타일을 선택할 수 있으며, 음영, 테두리, 효과를 편집할 수 있습니다.

❸ [WordArt 스타일] 그룹 : 텍스트에 특별한 효과를 지정할 수 있습니다.

❹ [테두리 그리기] 그룹 : 테두리의 모양, 두께, 색을 지정하거나, 표를 그리고 지울 수 있습니다.

▶ [표 도구]-[레이아웃] 탭 살펴보기

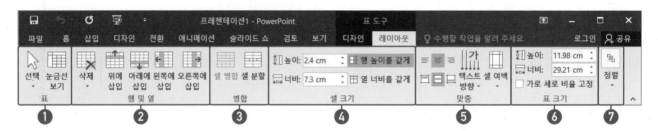

❶ [표] 그룹
- 선택 : 표, 열, 행을 선택합니다.
- 눈금선 보기 : 표 안의 눈금선을 표시하거나 숨길 수 있습니다.

❷ [행 및 열] 그룹 : 표, 열, 행을 삭제하거나 열과 행을 위치에 맞게 삽입합니다.

❸ [병합] 그룹 : 선택한 여러 개의 셀을 병합하거나 선택한 셀을 분할합니다.

❹ [셀 크기] 그룹 : 선택한 셀의 높이와 너비를 지정하거나 행 높이와 열 너비를 같게 합니다.

❺ [맞춤] 그룹 : 텍스트의 정렬과 텍스트 방향, 셀 여백을 지정합니다.

❻ [표 크기] 그룹 : 표의 높이와 너비를 조정합니다. '가로 세로 비율 고정'을 체크한 경우 한쪽 값이 변경되면 다른 쪽은 자동 조정됩니다.

❼ [정렬] 그룹 : 표의 위치를 정렬합니다.

▶ 차트의 구성

차트는 수치 데이터의 상호 관계 및 변화를 시각적으로 표현하여 비교하기 쉽도록 한 것입니다.

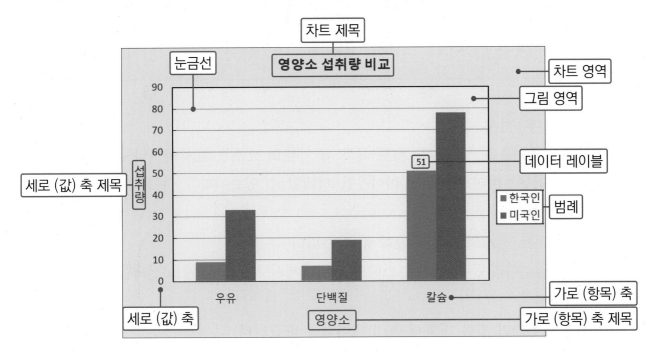

▶ 차트 삽입

- [삽입] 탭-[일러스트레이션] 그룹-[차트]를 클릭하면 [차트 삽입] 대화상자가 나타납니다.

❶ 차트의 종류를 선택할 수 있습니다.

❷ 선택한 차트의 하위 유형을 선택할 수 있습니다.

❸ 선택한 차트의 미리 보기가 표시됩니다.

- [차트 삽입] 대화상자의 [확인] 버튼을 누르면 임의의 데이터로 구성된 차트와 데이터를 입력할 수 있는 스프레드시트 형식의 데이터 편집 창이 나타납니다. 데이터를 입력한 후 창을 닫으면 차트가 만들어집니다.

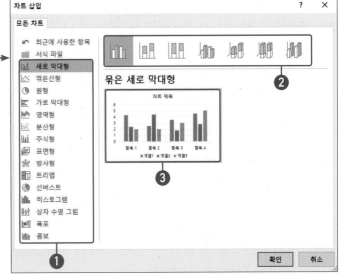

▲ 데이터 편집 창

▶ [차트 도구]–[디자인] 탭 살펴보기

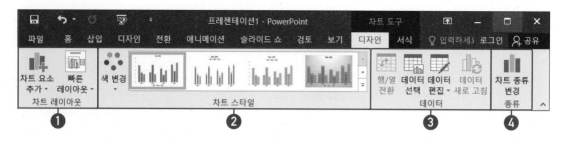

❶ [차트 레이아웃] 그룹
- **차트 요소 추가** : 축, 축 제목, 차트 제목 등 차트의 요소를 표시하거나 숨깁니다.
- **빠른 레이아웃** : 미리 준비된 레이아웃을 선택할 수 있습니다.

❷ [차트 스타일] 그룹
- **색 변경** : 차트 전체의 색을 변경할 수 있습니다.
- **빠른 스타일** : 미리 준비된 차트 스타일 갤러리에서 차트 스타일을 선택할 수 있습니다.

❸ [데이터] 그룹
- **행/열 전환** : 행과 열을 전환해 축의 데이터를 바꿉니다.
- **데이터 선택** : 데이터 범위를 수정합니다.
- **데이터 편집** : 데이터 편집 창이나 엑셀 창을 표시해 데이터를 수정합니다.
- **데이터 새로 고침** : 엑셀의 차트를 삽입하여 연결한 경우, 엑셀에서 데이터를 수정했을 때 데이터를 업데이트합니다.

❹ [종류] 그룹 : 차트의 종류를 변경합니다.

(02) 다이어트 식단표 만들기

▶ 표 삽입 및 크기 조정하기

01 파워포인트를 실행한 후 [새 프레젠테이션]을 클릭합니다. [홈] 탭–[슬라이드] 그룹–[레이아웃]에서 [제목 및 내용]을 선택해 슬라이드를 변경합니다.

02 제목 텍스트 상자에 '〈다이어트 식단표〉'라고 입력한 후 [그리기 도구]–[서식] 탭–[WordArt 스타일] 그룹에서 WordArt 스타일 갤러리 중 [그라데이션 채우기 – 황금색, 강조 4, 윤곽선 – 강조 4]를 선택합니다.

03 [삽입] 탭-[표] 그룹-[표]에서 [표 삽입]을 선택합니다. [표 삽입] 대화상자가 나타나면 [열 개수]는 '4', [행 개수]도 '4'를 입력한 후 [확인] 버튼을 클릭합니다.

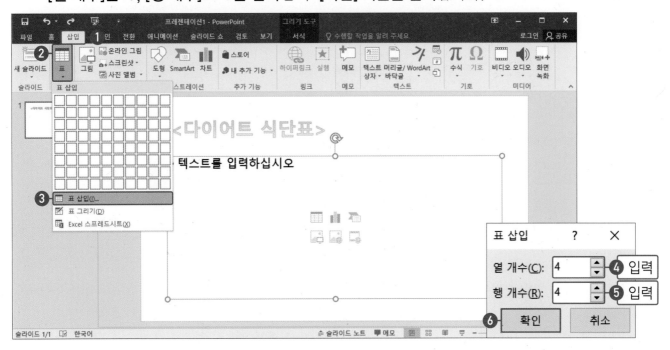

04 표가 나타나면 표 아래쪽 중간에 있는 조절점(◎)을 아래로 드래그합니다. 다음과 같이 세로 선에 마우스 포인터를 이동한 후 마우스 포인터의 모습이 ◄╫►로 변경되었을 때 **왼쪽으로 드** 래그합니다.

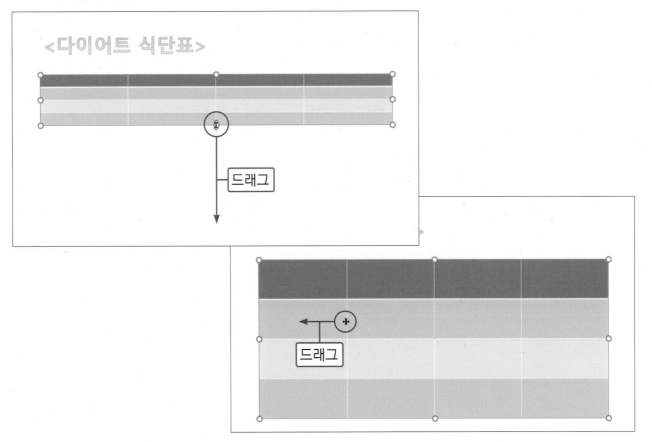

05 다음처럼 **첫 열을 제외하고 드래그**하여 선택한 후 [표 도구]-[레이아웃] 탭-[셀 크기] 그룹-
[열 너비를 같게]를 클릭합니다.

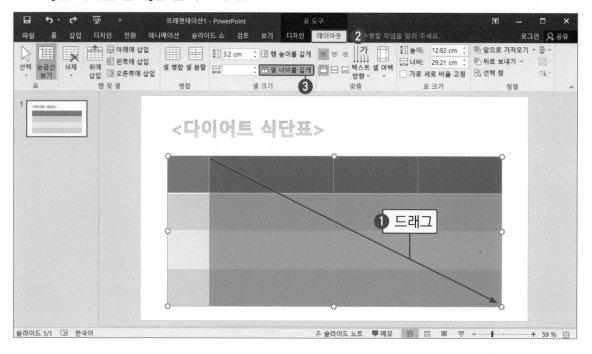

06 2열 3행부터 4열 3행까지 드래그한 후 [표 도구]-[레이아웃] 탭-[병합] 그룹-[셀 병합]을 클릭
합니다.

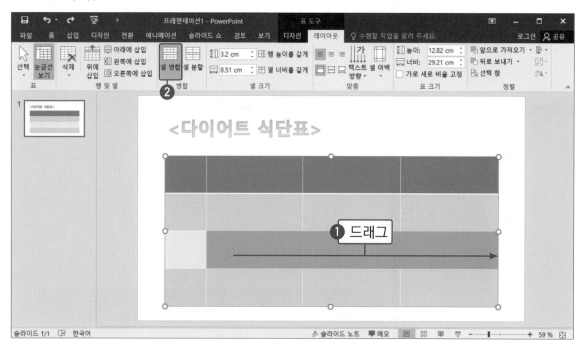

07 텍스트를 가로로 중앙, 세로로 중앙으로 정렬하기 위해 표의 **셀 전체를 드래그**한 후 [표 도구]-[레이아웃] 탭-[맞춤] 그룹에서 [가운데 맞춤(≡)], [세로 가운데 맞춤(▤)]을 각각 클릭합니다.

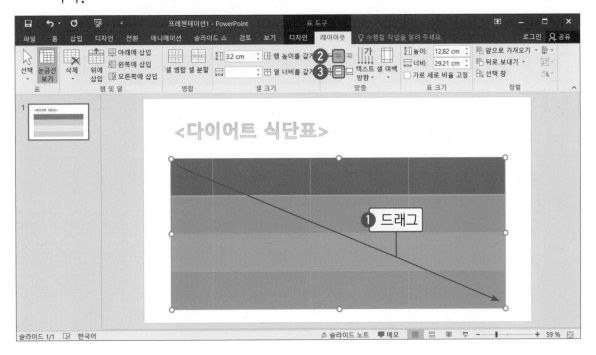

08 셀이 모두 선택되어 있는 상태에서 [홈] 탭-[글꼴] 그룹에서 [글꼴 크기]를 '22'로 설정한 후 다음처럼 **입력**합니다.

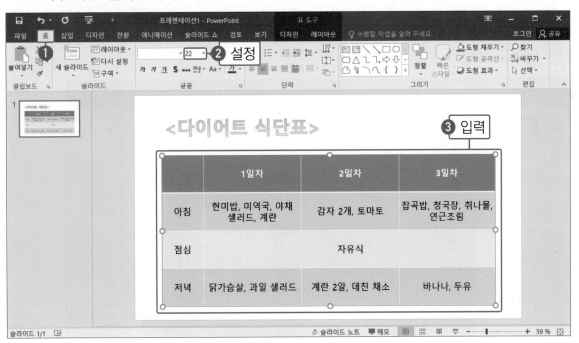

▶ 표 디자인하기

01 [표 도구]–[디자인] 탭–[표 스타일] 그룹에서 표 스타일 갤러리 중 [보통 스타일 2 – 강조 4]를 선택하여 변경합니다. [표 스타일 옵션] 그룹에서 [첫째 열]을 체크하여 1열에 색상을 채웁니다.

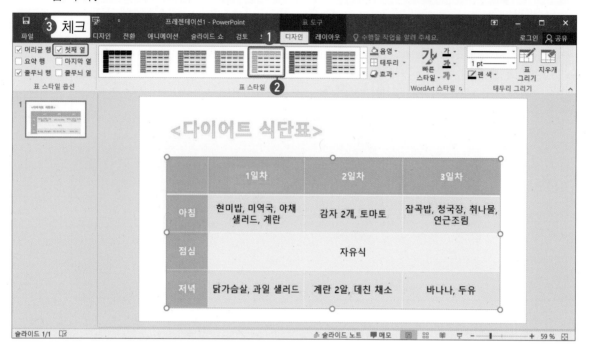

02 표의 셀 전체를 드래그한 후 [표 도구]–[디자인] 탭–[테두리 그리기] 그룹에서 [펜 두께]를 '2.25pt'로 설정하고 [펜 색]을 '흰색'으로 설정합니다. [표 스타일] 그룹–[테두리]에서 [안쪽 테두리]를 선택합니다.

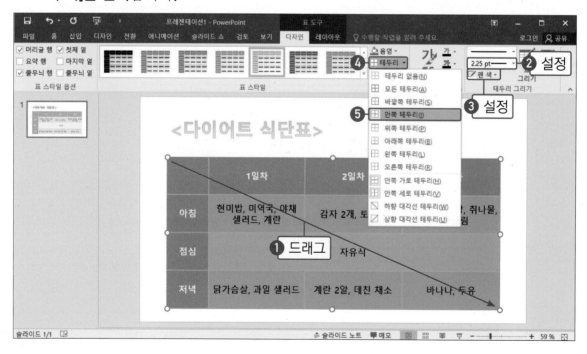

03 [표 도구]-[디자인] 탭-[테두리 그리기] 그룹에서 [펜 두께]를 '3pt'로 설정하고 [펜 색]을 '황금색'으로 설정합니다. [표 스타일] 그룹-[테두리]에서 [바깥쪽 테두리]를 선택합니다.

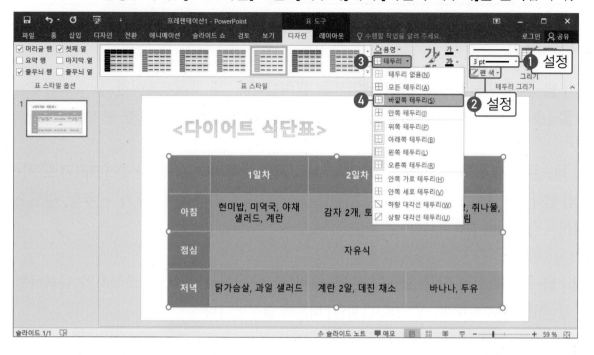

04 첫 행을 선택한 후 [표 도구]-[디자인] 탭-[표 스타일] 그룹-[효과]에서 [셀 입체 효과]-[볼록하게]를 선택합니다.

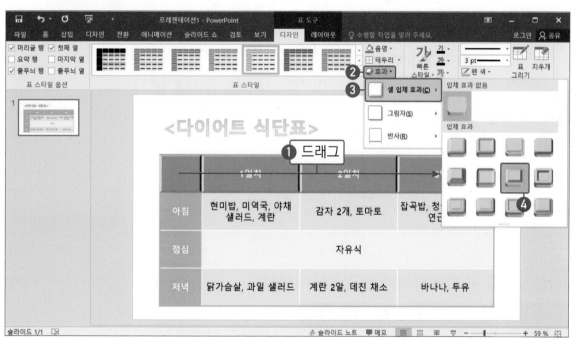

05 빠른 실행 도구 모음의 ▣(저장)을 클릭하여 파일 이름을 '식단표'로 저장합니다.

가계부 수입/지출 차트 만들기

▶ 차트 삽입하기

01 [파일] 탭-[새로 만들기]-[새 프레젠테이션]을 클릭합니다. 새 프레젠테이션 창이 나타나면 [홈] 탭-[슬라이드] 그룹-[레이아웃]에서 [제목 및 내용]을 선택해 슬라이드를 변경합니다.

02 제목 텍스트 상자에 '우리집 1/4분기 가계부 수입/지출 내역'이라고 입력한 후 [그리기 도구]-[서식] 탭-[WordArt 스타일] 그룹에서 WordArt 스타일 갤러리 중 **[채우기 - 주황, 강조 2, 윤곽선 - 강조 2]**를 선택합니다.

03 [삽입] 탭-[일러스트레이션] 그룹-[차트]를 클릭합니다. [차트 삽입] 대화상자가 나타나면 기본값(묶은 세로 막대형) 상태에서 **[확인]** 버튼을 클릭합니다.

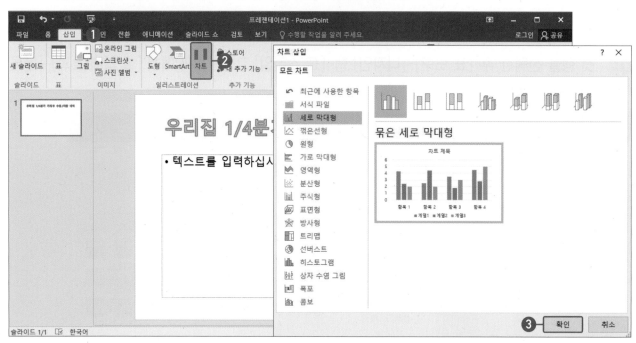

04 데이터를 입력할 수 있는 데이터 편집 창이 열립니다.

창이 작다면 이곳을 드래그 하여 창을 확대합니다.

05 다음과 같이 **데이터를 입력**한 후 하단의 모서리(⬛)를 드래그하여 입력한 데이터만 범위로 지정합니다. 작업이 끝났으면 데이터 편집 창을 닫습니다.

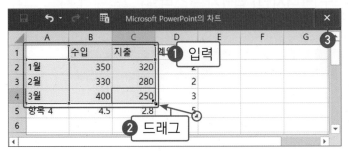

잠깐

열과 행 삭제로 데이터 범위 조정
삭제하고 싶은 열 또는 행에서 마우스 오른쪽 버튼을 클릭한 후, 바로 가기 메뉴를 이용하여 열 또는 행을 삭제하여 데이터 범위를 조정할 수도 있습니다.

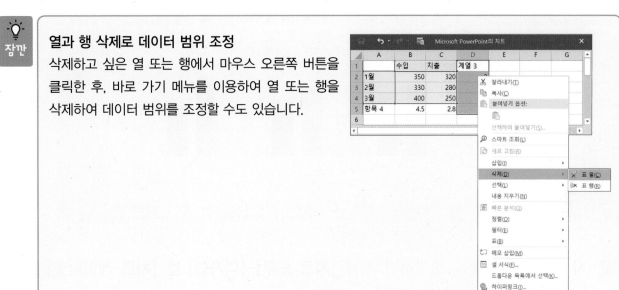

06 차트 제목에 '1/4분기 가계부 수입/지출 내역'이라고 입력합니다.

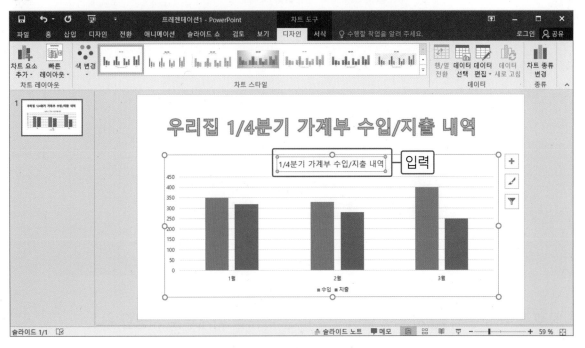

▶ 차트 디자인하기

01 차트의 스타일을 변경하기 위해 **[차트 도구]-[디자인]** 탭-**[차트 스타일]** 그룹에서 차트 스타일 갤러리 중 **[스타일 7]**을 선택합니다.

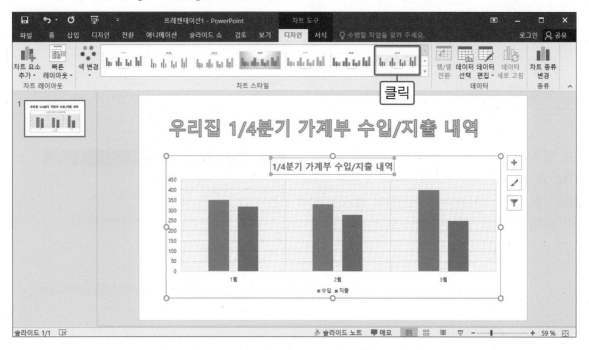

02 차트의 레이아웃을 변경하기 위해 **[차트 도구]-[디자인]** 탭-**[차트 레이아웃]** 그룹-**[빠른 레이아웃]**에서 **[레이아웃 10]**을 선택합니다.

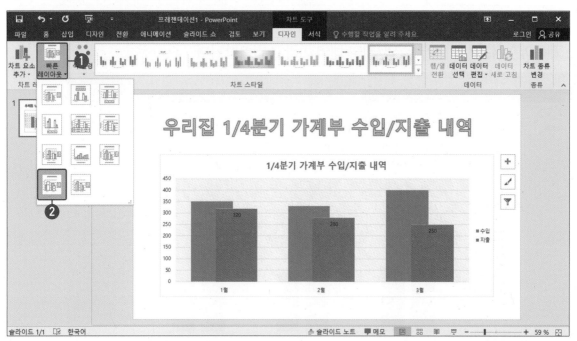

03 빠른 실행 도구 모음의 ▣(저장)을 클릭하여 파일 이름을 '**가계부**'로 저장합니다.

01 새 프레젠테이션을 생성한 후 다음과 같은 표를 작성하고 '보험료.pptx'로 저장해 봅니다.

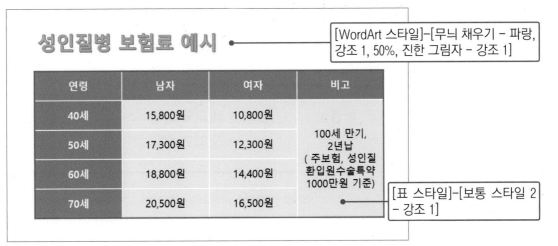

[WordArt 스타일]–[무늬 채우기 – 파랑, 강조 1, 50%, 진한 그림자 – 강조 1]

[표 스타일]–[보통 스타일 2 – 강조 1]

- [홈] 탭–[슬라이드] 그룹–[레이아웃]에서 [제목 및 내용]을 선택해 슬라이드를 변경한 후 표를 삽입합니다.
- 표 스타일 설정 후 [표 도구]–[디자인] 탭–[표 스타일 옵션] 그룹에서 [머리글 행]과 [첫째 열]을 체크합니다.

02 새 프레젠테이션을 생성한 후 다음과 같은 차트를 작성하고 '섭취량.pptx'로 저장해 봅니다.

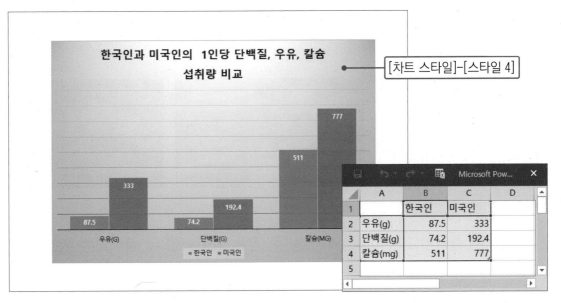

[차트 스타일]–[스타일 4]

[홈] 탭–[슬라이드] 그룹–[레이아웃]에서 [빈 화면]을 선택해 슬라이드를 변경한 후 차트를 삽입합니다.

10 이젠 나도 PPT 전문가

- 화면 전환 효과 삽입
- 애니메이션 효과 삽입
- 파일 내보내기 : PDF, 동영상
- 인쇄

- 트리거 활용
- 하이퍼링크 삽입
- 비디오 삽입
- 오디오 삽입

미/리/보/기

준비파일 : 신제품 발표회.pptx, 크리스마스 카드.pptx, 선물동영상.mp4, 펭귄.png, 음악1.wav
완성파일 : 신제품 발표회(완성).pptx, 신제품 발표회.pdf, 크리스마스 카드(완성).pptx, 크리스마스 카드.mp4

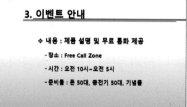

▲ 예제 1

▲ 예제 2

이번 장에서는 슬라이드가 나타날 때 화면을 전환하는 방법 및 출력하는 방법, 텍스트나 그림 등의 개체에 생명을 불어넣은 듯 움직이는 애니메이션을 만드는 방법 등을 알아보겠습니다.

01 화면 전환과 애니메이션 관련 기능 알아보기

▶ [전환] 탭 살펴보기

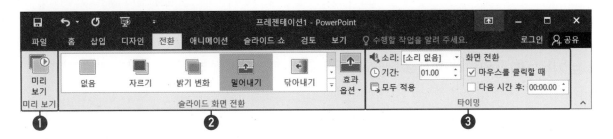

❶ **[미리 보기] 그룹** : 화면 전환 효과를 재생합니다.

❷ **[슬라이드 화면 전환] 그룹** : 화면 전환 효과를 선택합니다.

 • **화면 전환 효과** : ⬇(자세히)를 클릭하면 더욱 다양한 화면 전환 효과를 확인할 수 있습니다.

 • **효과 옵션** : 선택한 화면 전환의 방향 등과 같은 효과 옵션을 설정합니다.

❸ **[타이밍] 그룹**

 • **소리** : 화면 전환에 소리를 추가합니다.

 • **기간** : 화면 전환의 재생 시간을 설정합니다.

 • **모두 적용** : 현재 선택한 화면 전환 효과를 모든 슬라이드에 적용합니다.

 • **마우스를 클릭할 때** : 체크가 되어 있지 않은 경우 Enter 키나 방향키(↓) 등을 누르면 다음 슬라이드로 이동하지만, 체크가 되어 있는 경우 마우스를 클릭할 때도 다음 슬라이드로 이동합니다.

 • **다음 시간 후** : 설정된 시간이 지나면 다음 슬라이드로 자동 전환됩니다.

▶ [애니메이션] 탭 살펴보기

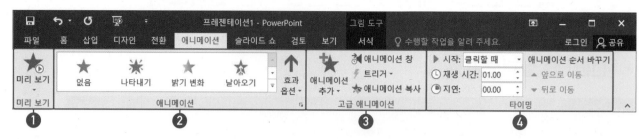

❶ [미리 보기] 그룹 : 애니메이션을 재생합니다.

❷ [애니메이션] 그룹 : 애니메이션 효과를 선택합니다.

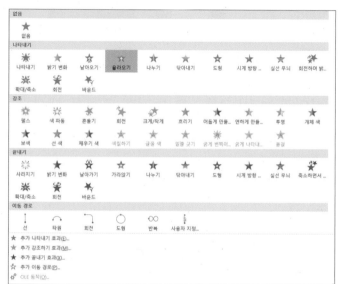

- 애니메이션 스타일 : ▼(자세히)를 클릭하면 더욱 다양한 애니메이션 효과를 확인할 수 있습니다.
- 효과 옵션 : 선택한 애니메이션의 방향 등과 같은 효과 옵션을 설정합니다.

❸ [고급 애니메이션] 그룹
- 애니메이션 추가 : 한 개체에 두 개 이상의 애니메이션을 적용하고 싶을 때 사용합니다.
- 애니메이션 창 : 애니메이션 창을 표시합니다. 애니메이션 창에서는 애니메이션의 실행 순서, 종류, 시작 방법, 시간 등과 같은 정보를 보여 주며, 세부 옵션을 변경할 수 있습니다.
- 트리거 : 슬라이드에 있는 개체를 클릭했을 때 또는 특정 책갈피에서 자동으로 애니메이션이 실행되게 합니다.
- 애니메이션 복사 : 개체에 적용된 애니메이션을 다른 개체에 복사합니다.

❹ [타이밍] 그룹
- 시작 : 애니메이션의 시작 방법을 '클릭할 때', '이전 효과와 함께', '이전 효과 다음에' 중에서 선택합니다.
- 재생 시간 : 애니메이션의 재생 시간을 설정합니다.
- 지연 : 애니메이션이 실행되기 전 지연 시간을 설정합니다.
- 앞으로 이동 / 뒤로 이동 : 애니메이션의 순서를 변경합니다.

02 발표 자료 마무리 작업하기

▶ **슬라이드 화면 전환하기**

01 '신제품 발표회.pptx' 파일을 불러옵니다. 전체 슬라이드에 화면 전환 효과를 넣기 위해 [전환] 탭-[슬라이드 화면 전환] 그룹에서 [나누기]를 클릭한 후 [타이밍] 그룹에서 [모두 적용]을 클릭합니다.

02 1번 슬라이드의 화면 전환 효과만 변경해 봅니다. 1번 슬라이드가 선택된 상태에서 [전환] 탭-[슬라이드 화면 전환] 그룹의 ▽(자세히)를 클릭하여 [깜박이기]를 선택합니다. [타이밍] 그룹에서 [소리]는 '폭탄'으로, [기간]은 '05.00'으로 설정합니다.

03 F5 키를 눌러 슬라이드 쇼를 실행합니다. 클릭할 때마다 다음 차례가 연결되는 모습을 확인한 후 Esc 키를 눌러 원래 모드로 돌아옵니다.

▶ 애니메이션 만들기

01 2번 슬라이드를 클릭합니다. 도형 그룹을 선택한 후 [애니메이션] 탭-[애니메이션] 그룹에서 [날아오기]를 클릭합니다.

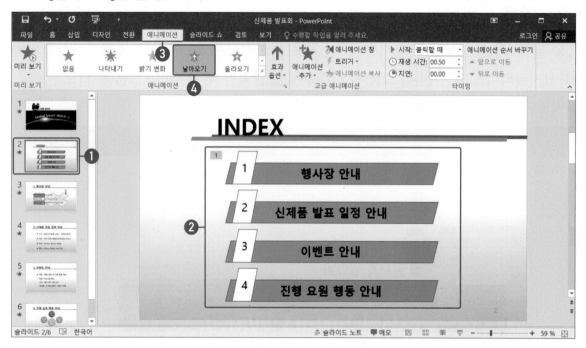

02 3번 슬라이드를 클릭한 후 첫 번째 도형 그룹을 선택합니다. [애니메이션] 탭-[애니메이션] 그룹에서 [날아오기]를 클릭한 후 [효과 옵션]에서 [왼쪽에서]를 선택합니다.

03 두 번째, 세 번째 도형 그룹도 같은 방법으로 애니메이션을 적용합니다.

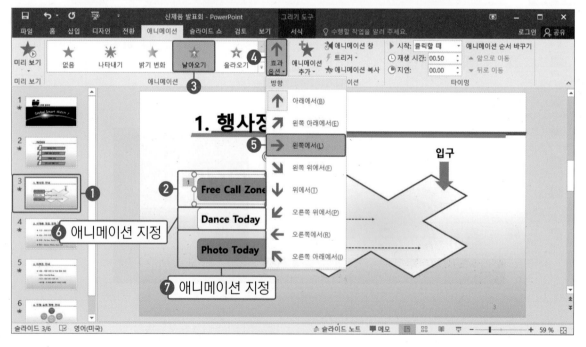

04 4번 슬라이드를 클릭한 후 내용 텍스트 상자를 선택합니다. [애니메이션] 탭-[애니메이션] 그룹에서 [올라오기]를 클릭한 후, [효과 옵션]에서 [모두 한 번에]를 선택합니다.

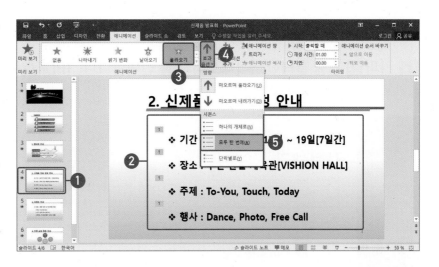

05 같은 방법으로 5번 슬라이드의 내용 텍스트 상자에도 '올라오기' 애니메이션을 적용합니다.

 [애니메이션] 탭-[고급 애니메이션] 그룹의 [애니메이션 복사]를 활용해도 됩니다.

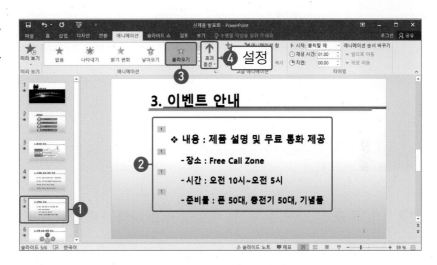

06 6번 슬라이드를 클릭한 후 스마트아트를 선택합니다. [애니메이션] 탭-[애니메이션] 그룹에서 [밝기 변화]를 클릭한 후, [효과 옵션]에서 [수준(한 번에)]를 선택합니다.

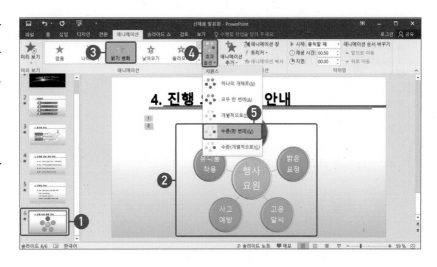

07 F5 키를 눌러 슬라이드 쇼를 실행합니다. 클릭하여 각 슬라이드에 적용된 애니메이션을 확인한 후 Esc 키를 눌러 원래 모드로 돌아옵니다.

 Shift + F5 키를 누르면 처음부터 슬라이드 쇼가 진행되는 것이 아니라 현재 슬라이드부터 슬라이드 쇼가 실행됩니다.

▶ PDF 파일로 내보내기

01 [파일] 탭을 클릭한 후 [내보내기]를 선택합니다. [PDF/XPS 문서 만들기]의 [PDF/XPS 만들기] 버튼을 클릭합니다.

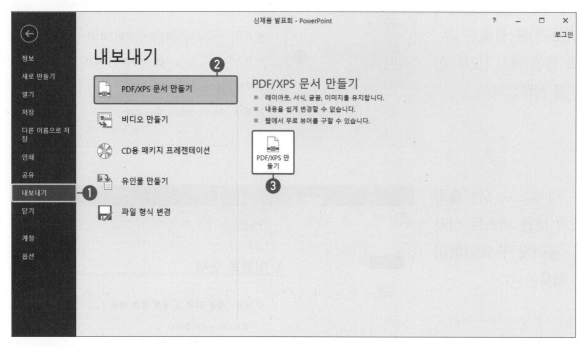

02 [PDF 또는 XPS로 게시] 대화상자가 나타나면 **[옵션]** 버튼을 클릭합니다.

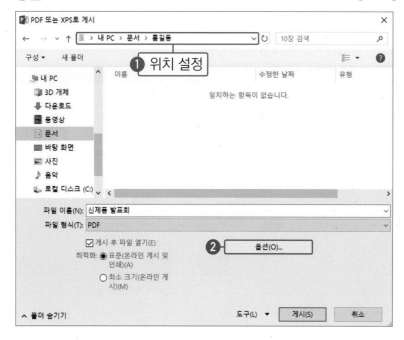

03 [옵션] 대화상자가 나타나면 [게시 대상]으로 '유인물'을 선택한 후 [슬라이드 테두리]를 체크합니다. [한 페이지에 넣을 슬라이드 수]는 '6'으로 설정하고, [확인] 버튼을 클릭합니다. [PDF 또는 XPS로 게시] 대화상자로 돌아오면 [게시] 버튼을 클릭합니다.

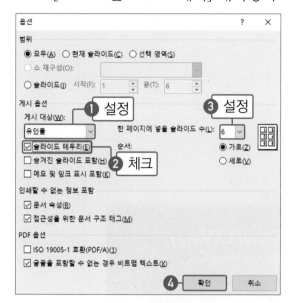
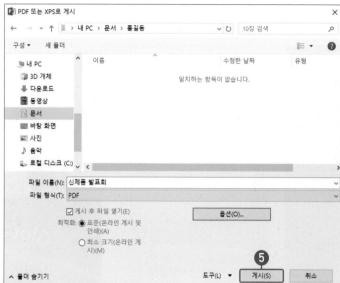

04 PDF 파일을 볼 수 있는 프로그램 창(사용자 컴퓨터에 따라 엣지 또는 아크로뱃 등)이 자동으로 열립니다. '신제품 발표회.pdf' 파일을 보여준 프로그램 창의 ×(닫기) 버튼을 클릭합니다.

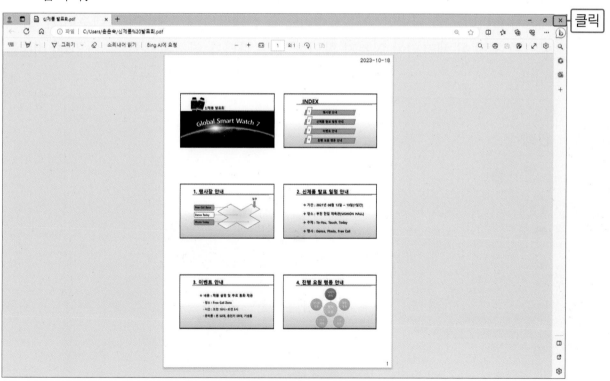

05 파워포인트 프로그램 창에서 빠른 실행 도구 모음의 🖫(저장)을 클릭합니다.

▶ 인쇄하기

01 [파일] 탭을 클릭한 후 [인쇄]를 선택합니다. [설정]이 [모든 슬라이드 인쇄]로 되어 있는지 확인합니다. 다른 설정으로 되어 있으면 클릭한 후 목록 중에 [모든 슬라이드 인쇄]를 선택합니다.

02 [전체 페이지 슬라이드]를 클릭한 후 [2슬라이드]를 선택합니다. '슬라이드 테두리'와 '용지에 맞게 크기 조정'이 체크되어 있는지 확인한 후 프린터가 연결된 상태에서 [인쇄] 버튼을 클릭합니다.

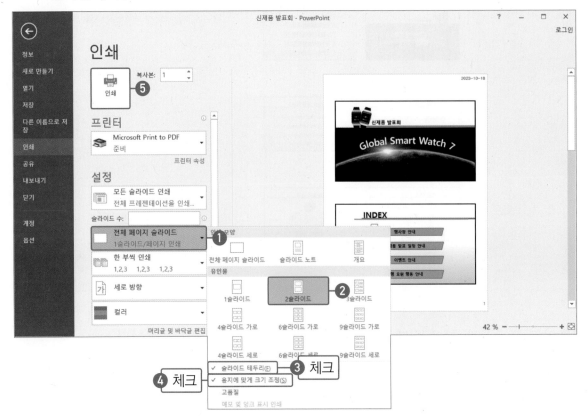

▶ 하이퍼링크 삽입하기

01 '크리스마스 카드.pptx' 파일을 불러옵니다. 하이퍼링크를 삽입하기 위해 1번 슬라이드에 입력된 텍스트 중 '★여기★'을 드래그한 후 [삽입] 탭-[링크] 그룹-[하이퍼링크]를 클릭합니다.

02 [하이퍼링크 삽입] 대화상자가 나타나면 [연결 대상]을 '현재 문서'로 선택합니다. [이 문서에서 위치 선택]에서 '슬라이드 2'를 클릭한 후 [확인] 버튼을 클릭합니다.

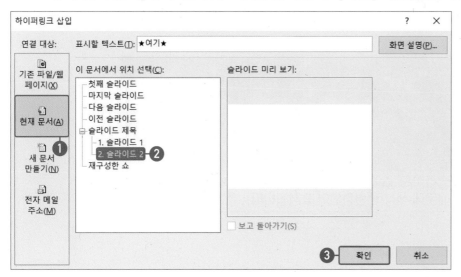

03 하이퍼링크가 적용된 텍스트에 밑줄이 표시되고 색상이 변경된 것을 확인합니다.

04 F5 키를 눌러 슬라이드 쇼를 실행한 후 **하이퍼링크를 삽입한 텍스트를 클릭**하여 확인합니다. Esc 키를 눌러 원래 모드로 돌아옵니다.

▶ 텍스트 애니메이션 만들기

01 1번 슬라이드를 클릭한 후 **텍스트 상자를 선택**하고 [애니메이션] 탭-[애니메이션] 그룹에서 [올라오기]를 클릭합니다. [타이밍] 그룹에서 [시작]의 ▼를 클릭하여 [이전 효과와 함께]를 선택합니다.

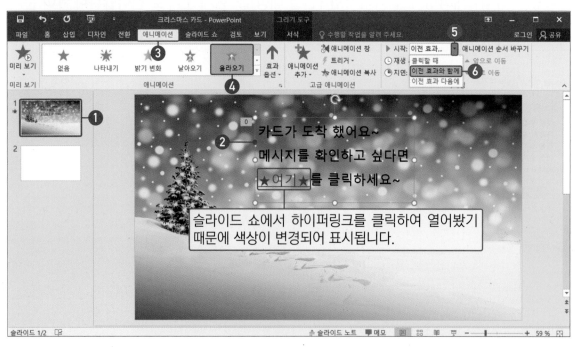

02 [애니메이션] 탭-[고급 애니메이션] 그룹-[애니메이션 창]을 클릭하면 오른쪽에 애니메이션 창이 나타납니다. 애니메이션 목록 중 **변경할 애니메이션을 더블 클릭**합니다.

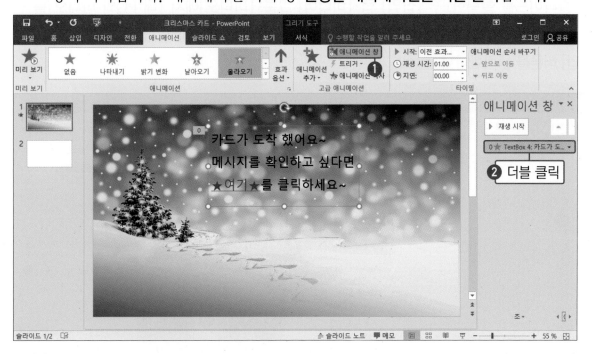

 여기서는 텍스트 상자의 개체 이름이 'TextBox 4'로 표현되고 있습니다. 사용자의 환경 및 작업 과정에 따라 'TextBox' 뒤에 표시되는 숫자는 달라질 수 있습니다.

03 현재 선택한 '위로 올리기' 애니메이션의 대화상자가 나타나면 **[효과] 탭**에서 [텍스트 애니메이션]을 '문자 단위로'로 설정하고 [확인] 버튼을 클릭합니다.

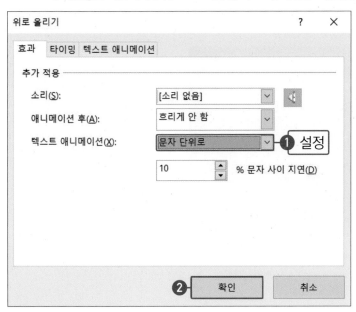

04 F5 키를 눌러 슬라이드 쇼를 실행한 후 애니메이션 효과를 확인합니다. Esc 키를 눌러 원래 모드로 돌아옵니다.

▶ 비디오 삽입하기

01 2번 슬라이드를 클릭한 후 [삽입] 탭-[미디어] 그룹-[비디오]에서 [내 PC의 비디오]를 선택합니다. [비디오 삽입] 대화상자가 나타나면 '선물동영상.mp4' 파일을 찾아 선택하고 [삽입] 버튼을 클릭합니다.

02 비디오가 슬라이드에 삽입된 것을 확인할 수 있습니다.

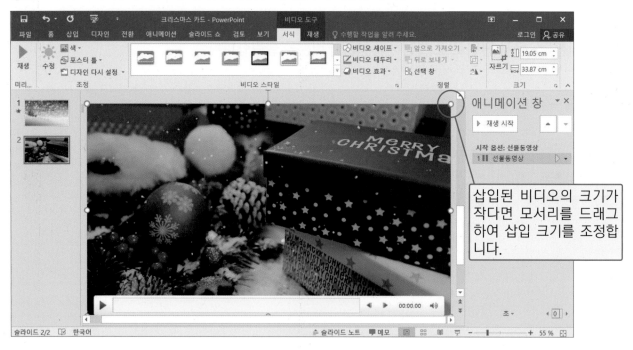

삽입된 비디오의 크기가 작다면 모서리를 드래그하여 삽입 크기를 조정합니다.

▶ 비디오 자동 실행 및 스타일 설정하기

01 비디오가 선택된 상태에서 [비디오 도구]-[재생] 탭-[편집] 그룹에서 [페이드 아웃]을 '05.00' 로 설정한 후 [비디오 옵션] 그룹에서 [시작]의 ▾를 클릭하여 [자동 실행]을 선택하고 [반복 재생]을 체크합니다.

02 [비디오 도구]-[서식] 탭-[비디오 스타일] 그룹에서 [단순 입체 사각형]을 클릭합니다.

▶ 오디오 삽입하기

01 [삽입] 탭-[미디어] 그룹-[오디오]에서 [내 PC의 오디오]를 선택합니다. [오디오 삽입] 대화 상자가 나타나면 '음악1.wav' 파일을 찾아 선택하고 [삽입] 버튼을 클릭합니다.

02 스피커 아이콘(🔊)이 나타나면 슬라이드 쇼 중에 오디오 파일이 자동으로 재생되도록 [오디오 도구]-[재생] 탭-[오디오 스타일] 그룹-[백그라운드에서 재생]을 클릭한 후 드래그하여 왼쪽 위로 이동합니다.

▶ 그림 애니메이션 만들기

01 [삽입] 탭-[이미지] 그룹-[그림]을 클릭합니다. [그림 삽입] 대화상자가 나타나면 '펭귄.png' 파일을 찾아 선택하고 [삽입] 버튼을 클릭합니다.

02 '펭귄'은 오른쪽 아래로 드래그하여 이동한 후 [애니메이션] 탭-[애니메이션] 그룹의 ⊞ (자세히)를 클릭하여 [회전하며 밝기 변화]를 선택합니다. [타이밍] 그룹에서 [시작]의 ▼를 클릭하여 [이전 효과와 함께]를 선택합니다.

여기서는 삽입된 '펭귄.png' 파일의 개체 이름이 '그림 7'로 표현되고 있습니다. 사용자의 환경에 따라 '그림' 뒤에 표시되는 숫자가 달라질 수 있습니다.

▶ 트리거 활용하기

01 [홈] 탭–[그리기] 그룹의 [텍스트 상자(□)]를 이용하여 텍스트 상자를 삽입한 후 다음과 같이 입력합니다.

02 텍스트 상자를 선택한 후 [홈] 탭–[글꼴] 그룹에서 [텍스트 그림자(S)]를 클릭하고, [글꼴 크기]는 '40', [글꼴 색]은 '흰색'으로 설정합니다. [단락] 그룹에서 [가운데 맞춤(☰)]을 클릭합니다.

03 [애니메이션] 탭–[애니메이션] 그룹에서 [올라오기]를 클릭한 후, '펭귄' 그림을 클릭했을 때 애니메이션이 실행되도록 [고급 애니메이션] 그룹–[트리거]에서 [클릭할 때]–[그림 7]을 선택합니다. [타이밍] 그룹의 [재생 시간]을 '20.00'으로 설정합니다.

04 F5 키를 눌러 슬라이드 쇼를 실행한 후 비디오와 오디오가 자동으로 재생되는지 확인합니다. '펭귄' 그림을 클릭해 텍스트 애니메이션이 재생되는지 확인한 후 Esc 키를 눌러 원래 모드로 돌아와 빠른 실행 도구 모음의 ▣(저장)을 클릭합니다.

▶ 비디오로 내보내기

01 지금부터 만들 mp4 파일에서는 '클릭했을 때'의 기능이 적용되지 않으므로 크리스마스 카드를 수정해 봅니다. **텍스트 상자를 선택**하고 [애니메이션] 탭-[타이밍] 그룹에서 [시작]을 [이전 효과와 함께]로 변경하고, 삽입된 **'펭귄' 그림을 삭제**합니다. **1번 슬라이드도 삭제**합니다.

02 [파일] 탭을 클릭한 후 [내보내기]를 선택합니다. [비디오 만들기]를 클릭한 후 '프레젠테이션 품질'을 '인터넷 품질'로 변경하고 [비디오 만들기] 버튼을 클릭합니다.

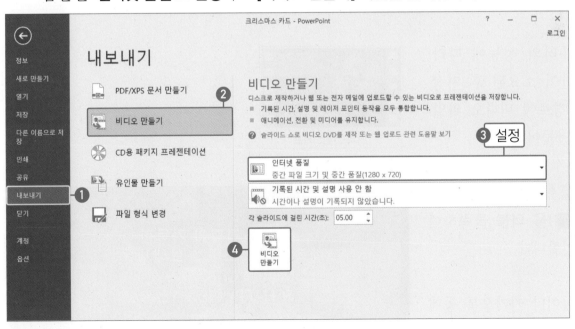

 '프레젠테이션 품질'은 '인터넷 품질'보다 파일 용량이 크기 때문에 비디오를 만드는 시간이 더 오래 걸립니다.

179

03 [다른 이름으로 저장] 대화상자가 나타나면 **경로를 지정**하고 [저장] 버튼을 클릭합니다.

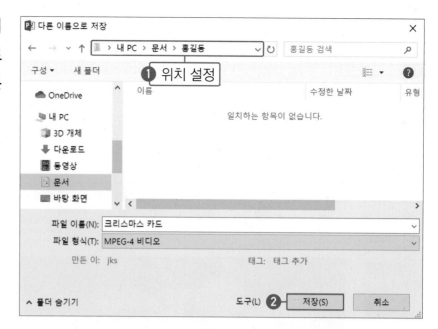

04 파워포인트 창의 하단을 살펴보면 '크리스마스 카드.mp4 비디오를 만드는 중'이라는 메시지가 나타납니다.

05 컴퓨터의 성능에 따라 시간이 소요된 후 지정한 경로에 비디오 파일이 만들어집니다.

크리스마스 카드

06 만들어진 **비디오 파일**(🎞)을 **더블 클릭**하여 확인합니다.

07 메일이나 카카오톡 등에 첨부하여 영상 카드를 보낼 수 있습니다.

응용력 키우기

01 '혈액형 향수.pptx' 파일을 불러온 후 다음과 같이 모든 슬라이드에 화면 전환 효과를 적용해 봅니다.

- 슬라이드 화면 전환 효과 : 큐브
- '다음 시간 후' 화면 전환 설정 : '00:05.00'

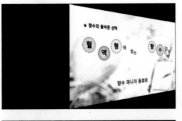  

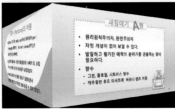  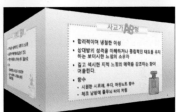

02 문제 **01**의 파일에서 다음과 같이 각 슬라이드의 요소에 애니메이션을 적용한 후 저장해 봅니다.

- 1번 슬라이드 제목 : 바운드, 이전 효과와 함께
- 2번 ~ 6번 슬라이드 내용 : 밝기 변화, 이전 효과와 함께

  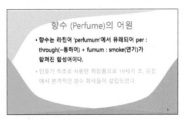

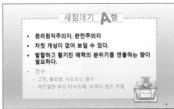 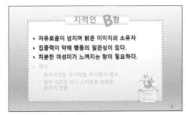 

03 문제 **02**의 파일을 '내보내기' 기능을 활용하여 비디오로 만들어 봅니다.

04 새 프레젠테이션에서 다음과 같이 비디오 파일과 오디오 파일을 삽입한 후 '스키.pptx'로 저장해 봅니다.

준비파일 스키.mp4, 음악2.wav

- 비디오 옵션 : '자동 실행', '반복 재생' 설정
- 비디오 스타일 : '회전, 흰색' 설정
- 오디오 스타일 : '백그라운드에서 재생' 설정

할 수 있다!

파워포인트 2016 기초

초판 2쇄 발행	2024년 07월 25일
초 판 발 행	2023년 11월 15일
발 행 인	박영일
책 임 편 집	이해욱
저 자	장경숙
편 집 진 행	윤은숙
표 지 디 자 인	김도연
편 집 디 자 인	김세연
발 행 처	시대인
공 급 처	(주)시대고시기획
출 판 등 록	제 10-1521호
주 소	서울시 마포구 큰우물로 75 [도화동 538 성지 B/D] 6F
전 화	1600-3600
홈 페 이 지	www.sdedu.co.kr

I S B N	979-11-383-1397-1(13000)
정 가	12,000원

시대인은 종합교육그룹 (주)시대고시기획·시대교육의 단행본 브랜드입니다.